2. 请写出你网购时签收的地址及其附近医院、学校的地址。

网购地址：云南省昆明市呈贡区__________街道____________社区________村。

医院地址：____

学校地址：____

活动

通过查阅资料和调查访问，将呈贡区各条街道的下辖社区填入下面的表格中。

街道	下辖社区
洛羊	大洛羊、小洛羊、洛龙、黄土坡、倪家营、大新册、小新册、大冲
七甸	七甸、头甸、广南、松茂、马郎、野竹、胡家庄、大哨、水塘
斗南	
龙城	
洛龙	
乌龙	
吴家营	
雨花	
大渔	
马金铺	

呈贡作为县（区）级行政区，下辖若干（镇、街道）级行政区。随着社会经济水平的提升，呈贡撤“县”改“区”，乡镇也改为街道。街道一般由若干社区和行政村组成，社区和行政村又由若干居民小组、村民小组构成。很多村民小组都是人们在特定的自然条件和历史背景下自然聚居形成的，这些村落也被称为自然村。如洛羊街道由 8 个社区组成，其中倪家营社区包括倪家营、大张溪营、望塑营、小张溪营 4 个自然村。这些自然村名冠以“营”“潭”“庄”“箐”等，与其历史、自然环境有关，

呈贡地理研学资源与活动

CHENGGONG DILI YANXUE ZIYUAN YU HUODONG

李 琳 吴晓月/编著

中国环境出版集团 · 北京

图书在版编目（CIP）数据

呈贡地理：研学资源与活动 / 李琳，吴晓月编著. —北京：中国环境出版集团，2020.12

ISBN 978-7-5111-4588-8

Ⅰ. ①呈… Ⅱ. ①李… ②吴… Ⅲ. ①乡村地理－呈贡县－中学－教学参考资料 Ⅳ. ①G634.553

中国版本图书馆CIP数据核字（2020）第263575号

审图号：GS（2021）8517号

出 版 人　武德凯
责任编辑　张　倩
责任校对　任　丽
封面设计　岳　帅

出版发行　中国环境出版集团
（100062 北京市东城区广渠门内大街16号）
网　址：http://www.cesp.com.cn
电子邮箱：bjgl@cesp.com.cn
联系电话：010-67112765（编辑管理部）
发行热线：010-67125803 010-67113405（传真）
印　刷　北京中科印刷有限公司
经　销　各地新华书店
版　次　2020年12月第1版
印　次　2020年12月第1次印刷
开　本　787×1092 1/16
印　张　11.25
字　数　180千字
定　价　49.00元

前言
PREFACE

2014年，教育部研制印发《关于全面深化课程改革　落实立德树人根本任务的意见》，提出“教育部将组织研究提出各学段学生发展核心素养体系，明确学生应具备的适应终身发展和社会发展需要的必备品格和关键能力”。2017年，《普通高中地理课程标准（2017年版）》颁布，明确提出必须强化培育地理实践力、区域认知、综合思维和人地协调观四大地理核心素养，并要求开设地方和校本课程。

为更好地达成落实国家、地方、校本三结合课程，落实核心素养培育和家国情怀培养，凸显学校办学特色的基础教育关键目标，我们编写了这一读本。它是乡土地理课程资源开发的一种范例，既可以解决当地地理教师开发本土地理课程资源难的困境，又为学生深入了解家乡建设，培育热爱家乡、支持家乡的具体意识和行动能力提供了鲜活素材和可行方案。希望本书可以为我国基础教育培育地理核心素养发挥促进作用。

本书编写内容脉络新颖，注重体现《普通高中地理课程标准（2017年版）》的理念要求，体现地理教学资源开发成果，体现教学性和开放性，突出特色；体例结构灵活，注重凸显“教学”和“研学”的特色，以“讨论”“探究”“阅读”“知识链接”“研学活动”等栏目贯穿始终；本书与国家设置的必修、选择性必修、选修课程相衔接，力图形成具有一定可读性、操作性和实用性的类似乡土地理或校本课程的特色教材。

本书最富特色的部分是“单元研学活动”，但是须说明的是，实际操作时不必拘泥于本书列举的活动步骤，可以根据实际情况予以创新。最佳方式是从章节中选择主题；参考多个范例中的活动，有选择性地进行组合，开发出活动变式。

本书主要撰稿人员是云南师范大学2016级和2018级的“4+2”卓越教师计划班的教师和学生，李琳负责第二章第三、四节、第三章和第四章研学活动、第五章以及文本调整补充，吴晓月负责第一章和第二章研学活动、第二章第一节，李莲负责第一章第一节、第三章第三节，张娟负责第一章第二节，邵本东和李春美负责第二章第二节，林晶媛负责第三章第一节，刘嘉微和包崇贵负责第三章第二节，袁家芬负责第三章第四节，赵玉凤负责第四章第一节，王敬梅负责第四章第二节；李琳、吴晓月负责全书统稿和修改，最终由李琳设计和定稿，刘嘉微参与试教和后期部分资料收集工作，郑子凌参与后期修改工作。

由于作者水平有限，书中疏漏和不足之处在所难免，恳请广大读者批评指正，提出宝贵意见和建议。

李琳

2020年5月

目录
CONTENTS

CHAPTER 1

第一章

初识空间

呈贡历史悠久，在距今约3万年前的旧石器时代就有“昆明人”在此繁衍生息。春秋战国时期，呈贡属于古滇国的中心区，创造了灿烂的青铜文明。

呈贡变化日新月异，短短十多年的时间，大学、高楼、工业园、信息产业园崛地而起，一个典型的农业县正蜕变为“魅力之都”，新兴的要素在这里集聚，催促着它的绽放。

第一节　位置范围

一、呈贡的位置

地球陆地面积约为5.1亿平方千米，而呈贡的土地面积约为510平方千米，在地球上只能算沧海一粟。我国有1 636个县级行政区，呈贡就是其中之一。

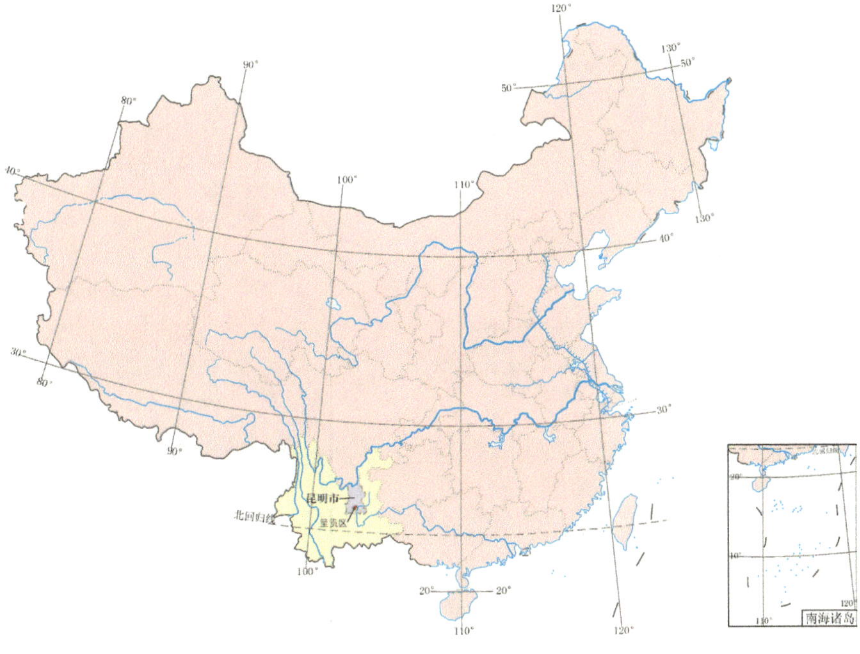

图1-1　呈贡在中国的位置

在汉族迁徙到此地之前，生活在这里的彝族先民们常以“扯过”“柴谷”来描述自己生活的地方，“扯”“柴”为稻谷，“过”“谷”为海湾、坝子，意为“盛产水稻的海湾（坝子）”。在书写汉字时，根据当地方言发音写为“呈贡”。

图 1-2　呈贡在云南省的位置示意图

呈贡区位于昆明市主城区东南面的滇池东岸，东西最宽约为 25 千米，南北最长约为 32.5 千米，面积约为 510 平方千米。北与官渡区接壤，东和宜良县比邻，南与晋宁区交界，西隔滇池与西山区相望，东南在梁王山与玉溪澄江市相接。是昆明市 14 个县（区、市）之一。

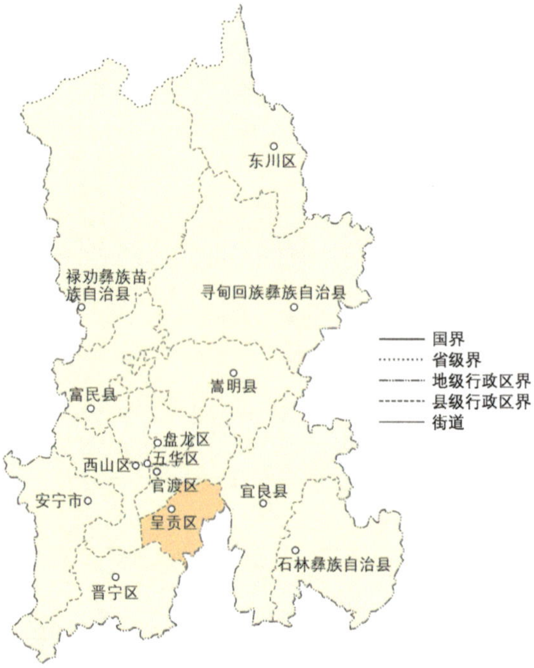

图 1-3　呈贡在昆明市的位置示意图

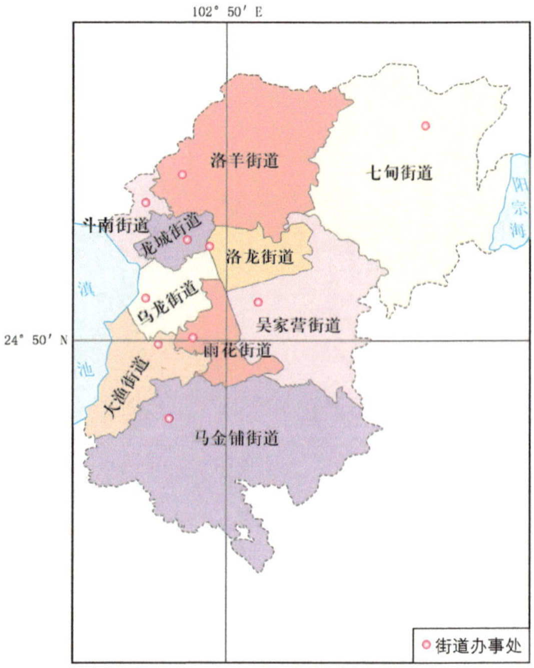

图 1-4　呈贡区经纬度范围示意图

活动

读图 1-2 和图 1-3，列举与呈贡同一级别的行政区。

读图 1-4，描述呈贡区的地理位置和范围。

提示

一个地区的位置，一般可以从绝对位置（经纬度）和相对位置两个主要方面来描述。

二、行政区划

2011年5月20日，呈贡县撤“县”设“区”，成为昆明市人民政府所在地。截至2014年，呈贡区下辖10条街道，65个社区居委会，155个自然村。

图1-5　呈贡行政区划

探究

1. 在图1-5中指出你家所在街道的位置。

如大张溪营，在明洪武十九年（1386 年），实行军屯制，此地首领叫张旗，曾名张旗营（今为别名），后因村内张姓居多，村旁又有溪水，村名演变为张溪营。七甸乡野竹村野竹箐，因地处山箐内，野竹甚多而得名。

阅读

西周昭穆时期，今呈贡小古城天子庙一带已建有奴隶制地方侯王城邦。

西汉元封二年(公元前109年)置益州郡,呈贡北属古昌县,南属滇池县。

南诏大理国时期，属于三十七部强宗部，彝族先民建有呈贡城。

宋时，土官伽宗筑土城于今古城，名伽千户所，因治所设于呈贡而得名，隶属阳城堡万户府。

元十二年（1275 年），先立呈贡千户所，隶属鄯阐府阳城堡部。首次设置呈贡县，属中庆路晋宁州领县。不久，呈贡县改为晟贡县。

明洪武十六年（1383 年）复为呈贡县，下辖四里。

清康熙七年（1668 年）归化县建制撤销，所辖二里并入呈贡县，并废“里”改“乡”。雍正五年（1727 年）呈贡县改属云南府晋宁州领县。

民国时期，呈贡县直隶云南省。

2011 年 5 月 20 日，经国务院批准，撤销呈贡县，设立昆明市呈贡区。

探究

分析图1–6,描述不同历史时期呈贡区行政区划的变化,归纳变化特点。

① 呈贡县两汉及唐代区域

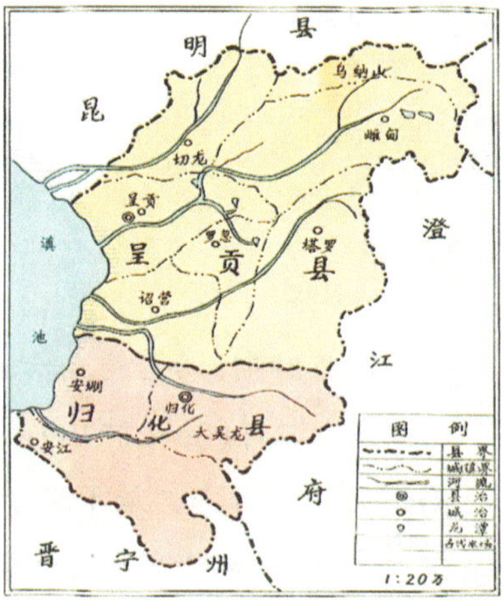

②元十二年（1275 年）置呈贡县、归化县

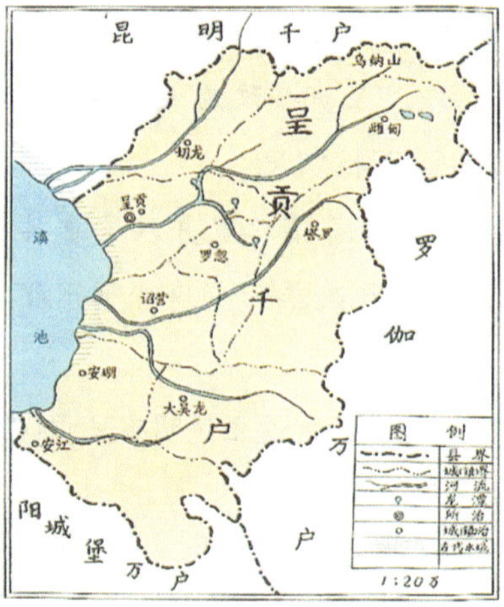

③ 元宪宗六年（1256 年）立呈贡千户所辖区

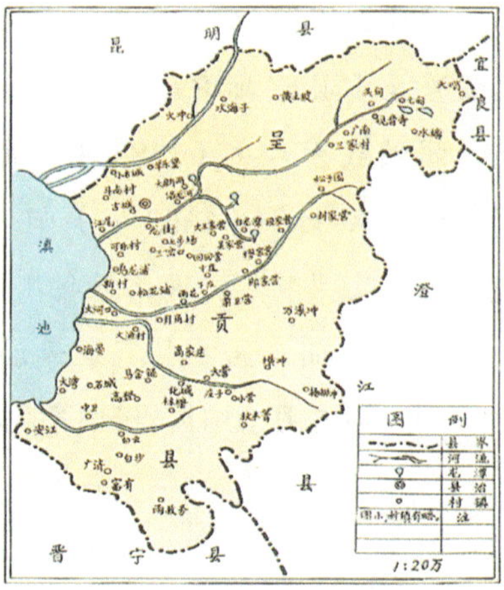

④ 呈贡县清代、民国疆域

图 1-6　不同历史时期呈贡政区[①]

① 昆明呈贡区人民政府办公室，昆明市呈贡区地方志编纂委员会办公室．呈贡年鉴 •2016[M].2016.11（1）．

第二节 自然特征

著名社会学家费孝通曾称赞：“远望滇池一片水，山明水秀是呈贡。”

一、地形及其特征

探究

分析图 1-7，归纳呈贡的地形特征。

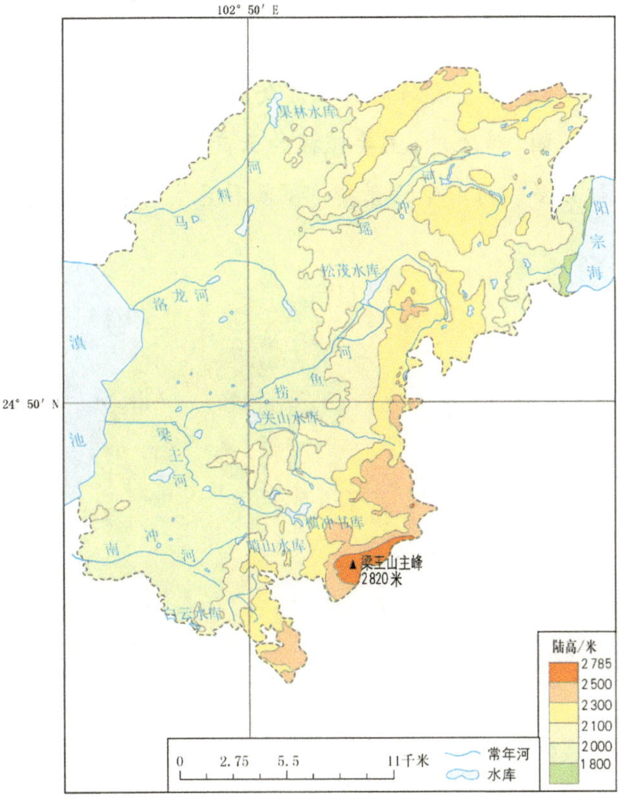

图 1-7 呈贡地形

呈贡区位于滇东高原滇池盆地东部，地势东高西低，呈三级阶梯状：东部为低山地，中部为波状起伏丘陵，西部为湖积平原。海拔最高处为东部的梁王山主峰（2 820 米），海拔最低处为东部的三十亩村 1 775 米。其中平坝面积约占总面积的 17%，丘陵和山地面积分别为 34% 和 49%，因此本区的地形主要以丘陵、山地为主；然而，相较于云南省大多数县（区）而言，呈贡的坝区面积占比是较高的。

阅读

梁王山主峰

原名罗藏山（彝语的“罗”为虎之意），元末梁王屯兵于此，有兵寨和大、中、小校场，因此改名梁王山。梁王山地处呈贡县城东南 18 千米处，是与澄江县的分界山。主峰高峻，支脉绵亘，长 15 千米，宽 5 千米，与黑汗、美女二山相连。

主峰海拔 2 820 米，有滇池流域“众山至冠”之称。全山除基部为针、阔混交林杂以果园、耕地外，主要植被为云南松、杉松，覆盖率达 70% 左右，山中野生药材亦多。为旧十六景中“罗藏秋色”“梁峰兆雨”“白云兆雨”三景之地。

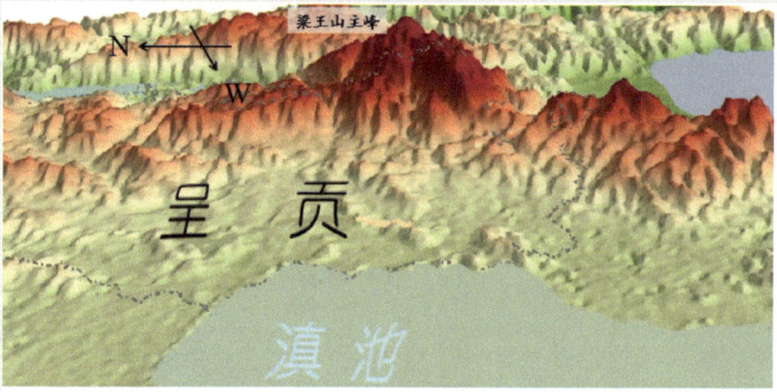

探究

呈贡的土壤分为红壤、水稻土、紫色土、棕壤和冲积土5个土壤类型，其中占比最大的是红壤，主要分布在海拔1 900～2 600米的山地、丘陵地区，土层深厚，生产潜力大，是本区粮、果等主要产区。棕壤分布在梁王山，海拔2 600～2 800米，有机质含量丰富。冲积土主要分布在滇池湖滨的斗南、梅子等地，土层深厚，保水保肥，宜种蔬菜。水稻土主要分布在中西部产水稻的平坝地区。紫色土主要分布在呈贡东北区七甸街东部阳宗海西岸，土层浅，肥力低，适宜植林。

试画出呈贡土壤类型垂直分布示意图。

二、气候及气象灾害

呈贡地处亚热带湿润地区，为亚热带季风气候。冬夏短暂，干湿分明；夏秋温凉多阵雨，冬春晴暖甚干燥；四季少寒暑，有雨变成“冬”；年平均气温为14.7℃，年平均降水量近800毫米。

每年大致从11月至次年4月，呈贡受来自南亚次大陆的西南干暖气流控制，降水稀少，空气干燥，为旱季。5月至10月受孟加拉湾西南季风的影响，空气温暖潮湿，且受到高原的抬升作用和对流作用增强影响，多阵雨和雷雨，为雨季。

探究

读图1-8～图1-10，分析呈贡气候的形成原因。

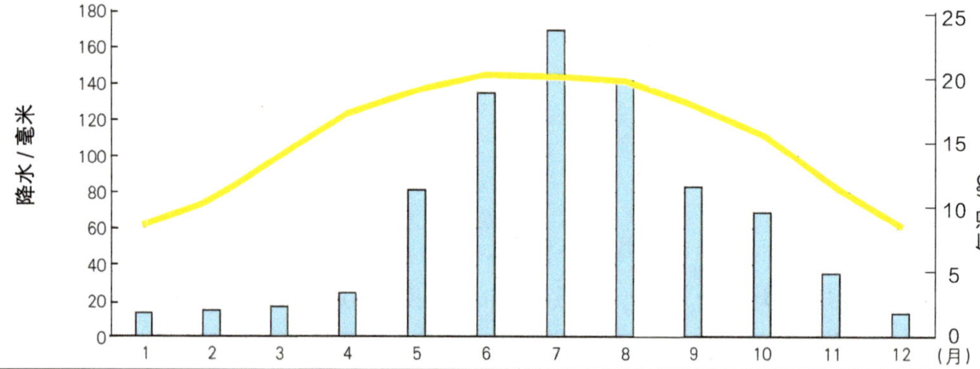

	1	2	3	4	5	6	7	8	9	10	11	12
降水/毫米	12.6	14.3	17.1	24.6	81.6	135	170.3	142.6	83.4	69.7	35.6	13
气温/℃	8.5	10.5	13.8	17.1	19	20.1	20	19.6	17.8	15.5	11.6	8.4

图 1-8　1981—2010 年呈贡各月平均气温曲线和降水量柱状图

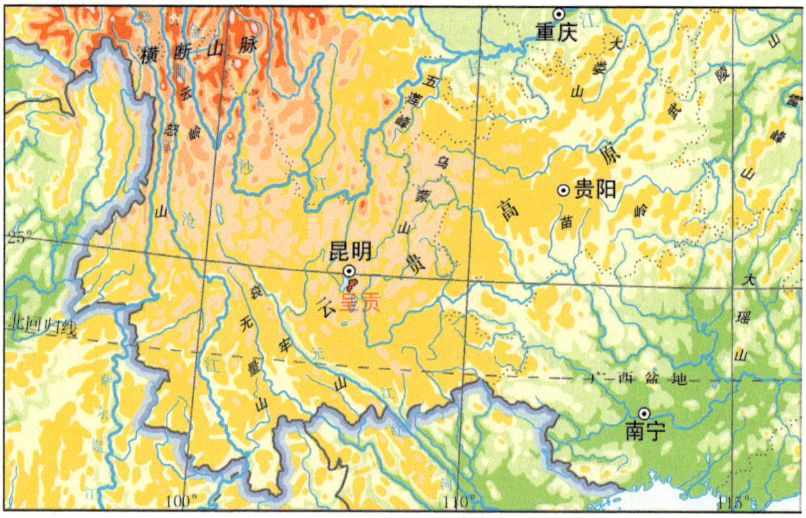

图 1—9　西南地区局部地形图

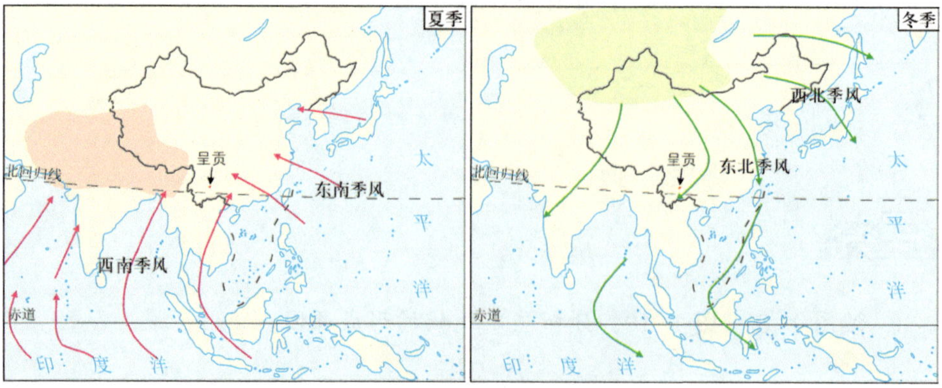

图 1—10　我国季风环流形势图

呈贡的气象灾害主要有干旱、洪水、霜冻、低温、大雪等。由于呈贡雨季时间短，且降水量少，故是云南省易旱地区之一，干旱为各种气象灾害之首。然而，呈贡又多大雨、暴雨，容易形成洪灾，受地势东高西低的影响，地表径流排泄较快，故洪多涝少。呈贡虽处在低纬度地区，但因地处高原，故容易受低温影响，以春季晚霜冻、秋季早霜冻、大雪、倒春寒、7—8 月水稻抽穗—扬花期低温等影响较重。

三、河流及综合利用

探究

读图 1-11，分析并总结出呈贡主要河流的流向特征，并说明理由。

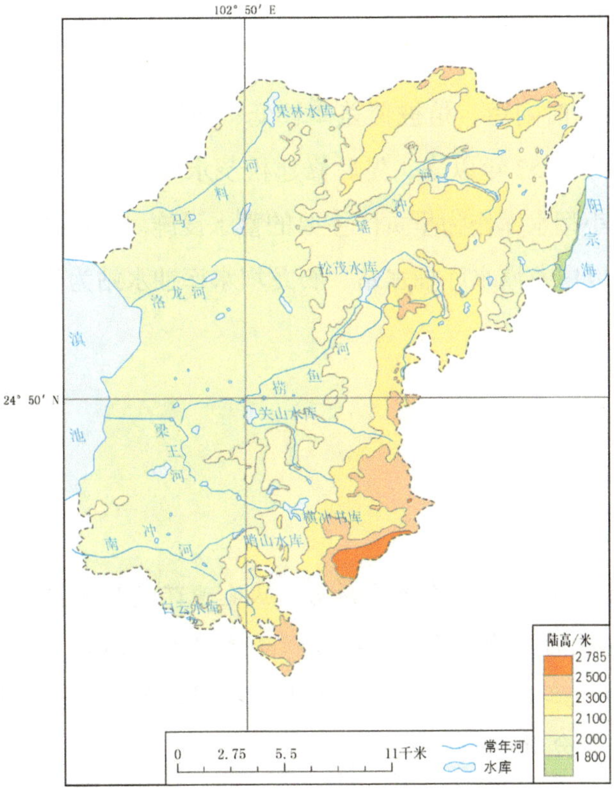

图 1-11　呈贡主要河流分布图

呈贡的河湖众多。东部梁王山为长江水系和珠江水系分水岭，马料河、洛龙河、捞鱼河、梁王河、南冲河均汇水滇池，瑶冲河在石夹子入落水洞，属长江水系，阳宗海属珠江水系。6条河流在呈贡境内总长约为99.1千米，径流面积约为429.05平方千米，年径流量10 156万立方米，河流上游均建有水库调节水流。

呈贡有泉20余处，以黑龙潭、白龙潭泉流较丰，泉水一般冬枯夏丰，滇池为淡水湖泊，呈贡境内湖岸线长21.1千米，另有阳宗海湖岸线约6 000米。目前水域以人工湖泊（水库、水塘）为主，其中松茂水库是呈贡最大的人工湖。

活动

实地考察瑶冲河，并撰写考察日记。（提示：重点走访水文站、河长，描述河流流量、汛期等水文特征及水质情况；了解河流对人们生产、生活的影响。）

由于呈贡区雨季时间短、植被覆盖率较低、河湖水位季节差异显著，因此水资源调蓄任务艰巨。自1953年以来，先后修建松茂水库、果林水库、横冲水库、关山水库、马金塘等中小型水库作为呈贡区主要的蓄水设施。为解决农业灌溉、生产生活用水，建成了一批以白龙潭水库抽水站、石龙坝水库抽水站为代表的抽水站。

探究

修建水库对环境产生了诸多影响，从地理环境整体性角度分析修建水库对地理环境的影响。（提示：可以从修建水库形成了人工湖泊，进而改变了下游河水流速、流量和改变土地利用结构、下垫面状况、旅游开发等方面进行分析。）

阅读

“水上第一高原”

2004年，中国国家奥运健儿孟关良、杨文军获得了皮划艇男子双人划艇500米比赛金牌。四年后的北京奥运会上，两位猛将再次夺魁，被称为“金牌组合”。取得如此傲人的成绩，云南松茂国家皮划艇静水体育训练基地功不可没。松茂水库独特的高原条件增加了运动员的训练难度，使得运动员达到了在平原地区所不能达到的效果，这里成为日后国家级皮划艇运动员的训练基地，被誉为“水上第一高原”！

四、植被及保护

因局地小气候、地形、土壤、水文以及人为因素的干扰，植被即便在气候条件基本一致的情况下，也会产生诸多分异。按照地表植被的主要植物种类、外貌形态、用途等，可以把呈贡的植被分为阔叶林植被、针叶林植被、灌草丛植被、水生植被、经济林植被等。

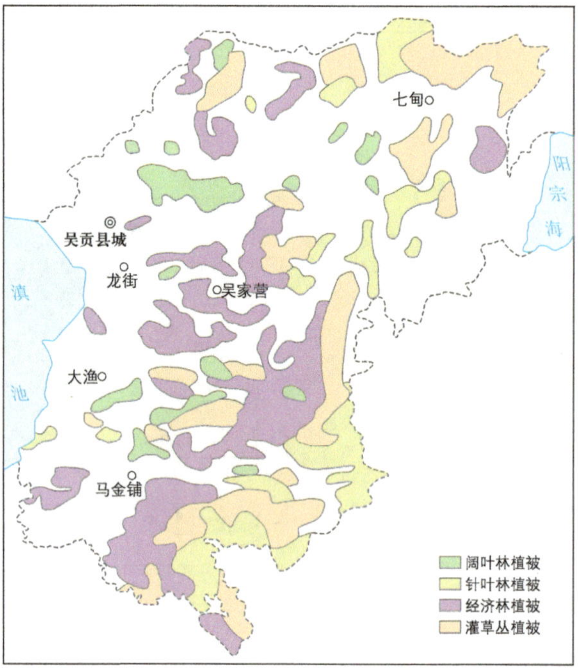

图 1-12　呈贡植被类型分布

（资料来源：《昆明植被》，为 1998 年数据）

原生林几乎是在没被人类干扰的情况下自然发育而达到的与环境高度适应的植被类型。呈贡的原生林为半湿润常绿阔叶林，但本地人类活动历史悠久，特别是在 1958 年“大炼钢铁”时期，森林遭到了极大的破坏，原生林几乎荡然无存。目前呈贡的阔叶林植被包含人工培育的旱冬瓜林、水冬瓜林等落叶阔叶林，以及原生植被遭破坏后，从原本林木根部萌发出的黄毛青冈林（常绿）、栓皮栎林（落叶）等。黄毛青冈、滇青冈等是构成原生半湿润常绿阔叶林的主要树种。

图 1-13　黄毛青冈（a）、栓皮栎（b）、滇青冈（c）

（资料来源：中国自然标本馆）

目前，在呈贡境内常见的针叶林植被，很多都是后期人工造林的成果，主要有华山松林、云南松林、滇油杉林、鱼骨松林、干香柏林等。值得一提的是，在云南松、华山松造林过程中，偏远的荒山一般都采用飞机播撒的形式进行人工造林，这种方式虽然比较粗放，易受虫、鼠、鸟害，但是降低了造林的成本，使许多偏远荒山在较短的时间内披上了绿装。

图 1-14　呈贡的部分针叶林植被及部分针叶植物
（资料来源：中国自然标本馆）

在一些土壤瘠薄，地表严重干旱的石灰岩山地，造林的难度较大，树木成活率较低。在图 1-15 中，灌草丛分布的地块很多都是石灰岩山地，贫瘠的土壤环境使得多数树种不能正常生长发育，树木稀疏低矮，到了冬春季节植被枯黄。

图 1-15　梁王山顶的石灰山灌草丛植被及鞍部的干香柏疏林

探究

1. 利用互联网查询云南松、鱼骨松、华山松、滇青冈的繁殖方式、生态习性及经济价值，并撰写一篇科技小论文，回答：为什么在人工造林过程中不采用原生树种？

2. 利用互联网或是纸质文献，查找适宜在石灰岩地区造林绿化的树种，并到高铁南站后山（白龙潭山）考察那里的石灰山造林技术。

在呈贡坝区及较低矮的山丘上，曾经大面积分布着经济林植被，其中数目最多的是果树。但随着城市的快速扩展，果林已逐步向山区退缩，取而代之的植被是城市绿地和苗圃基地。在滇池沿岸地带，则建起了很多湖滨湿地公园，水生植被沿河湖边缘呈条带状分布。

图 1-16　果园、城市绿地及湿地公园

研学活动：认识呈贡概貌的研学设计

用要素解构和联系发展的眼光来认识一个区域各方面的协同演变，是地理学认识一个区域的主要逻辑。而在这个过程中，人们的认识一部分来源于前人积累的知识，另一部分则源于亲身的观察、调查以及对现象的分析研究，这两个部分同等重要，而通过研究活动，可以让你产生不同于前人的认识。研学旅行属于后者。那么，我们应该通过怎样的研学旅行来认识呈贡呢？

本节学习目标：①学习观察与思考；②学习宏观和微观的研学路线设计思路和方法；③以认识呈贡概貌为例，学习研学过程设计；④在真实的研学过程中，去了解呈贡的风土民情、自然风貌，建立呈贡区域空间感知，增加深入学习的兴趣。

一、研学过程中观察与思考的角度

研学过程中，将有无数的风景从你眼前掠过，倘若驻足观察并思考，研学活动将会变得趣味无穷。

图 1-17　要素角度与区域角度

从圈层或要素的角度，在研学中可以研究这个地区的气候、土壤、地质地貌、水文、植被、人口、聚落、产业、交通、文化等要素的特征、分布、发展演变、相互关系等。例如考察呈贡的土壤有哪些类型，它们是如何分布的，它们的分布规律受到了哪些自然要素的影响，人类是如何利用和改造它们的，土壤环境是否存在问题以及如何解决等。从区域空间的角度，可以研究呈贡区各次级行政区、功能区、自然区的特征、发展演变、相互关系等。如呈贡的坝区、山区在资源环境、人口、产业、基础设施、社会事业等方面具有怎样的特征和差别，应如何调整人口、产业、交通等规划布局，以促进坝区和山区的协调发展等。

二、研学路线选择

研学路线，一般根据研学的主题确定。研学主题可以是单要素的，也可以是综合性的。单要素主题的研学，因为内容涵盖面较小，所以在选择研学点时，应该考虑研学点的代表性，考察内容量应比较详细，考察内容的深度可以适当加深。综合性主题的研学，其研学一般是为了建立或加深对区域的认知，在选择研学点时，要注意区域的覆盖面和要素的覆盖面。确定研学点后，再根据具体的交通路线情况，确定能兼顾各点、路线不重复、行程紧凑的方案。此外，研学路线上考察内容的详略程度还应结合研学时间长短进行考虑。

三、呈贡综合研学过程设计

根据呈贡最鲜明的自然地域特征——山区、坝区的分异，结合交通路线情况及研学时间（1 天）等条件综合考虑，可以沿图 1-18 的线路进行综合研学考察。该线路设置了大学城、松茂、马郎、斗南、三台山、海晏村、龙潭山 7 个点作为重点研学点，涉及城市化、农业农村、地质地貌、环境变迁、历史文化等主题。该路线穿越了呈贡的山区、坝区、主要岩层出露区、水源地、城市主要功能区（雨花文教区、洛羊国际物流园区、大冲新型工业区、环湖生态区、松茂水上运动训练基地）、农业区（松茂、马郎城郊农业区、斗南都市农业区）等，其涉及的要素比较广，可以大致反映出呈贡区的整体风貌。虽然线路途经的区域并未全部纳入研学考察点，但可作为沿途交流话题，加深对区域的认知。

图 1-18　呈贡综合研学路线

（一）呈贡大学城

云贵高原地形崎岖，城市的布局受地形的影响很大，城市基本分布于地形相对平坦的坝子地区。云南第二大的“昆明坝子”位于滇池东岸，呈半环状围抱滇池，主城区位于坝子北部，新区向南部发展是必然选择。

你是否想过为什么要开发新城？昆明开发新城为什么要选择在呈贡？主要是因为地理位置，整个滇池流域有 2 920 平方千米，包括山体和平地。云南人习惯将平地称为“坝区”，滇池坝区的面积是 1 300 平方千米，其中 309 平方千米是滇池水域，还有 79 平方千米的湿地不能用于建设。剩下的 900 多平方千米，老城区约占 300 平方千米，剩下的 600 平方千米中还有湿地和生态隔离等不可开发的土地，可开发的土地不足 200 平方千米，而这 200 平方千米在哪里最集中呢？就是今天的呈贡区了。其他地区，如海口的面积不足 10 平方千米，大部分为山地；晋宁也只有约 25 平方千米，只有呈贡在 461 平方千米中有 200 平方千米的平地可以开发，所以说未来可以发展的空间决定了呈贡的发展方向。

你了解政府选址呈贡作为大学城建设所在地的原因吗？一是因为 1998 年之后，全国高校开始扩招，教学发展受到了校园用地的限制。那个时候各高校的校区及办学点比较分散，不容易管理。例如，云南师范大学就分为 3 个校区（一二一大街校区、龙泉路校区、学府路校区）和 5 个办学点。这些校区面积较小，资源共享和办学条件等方面都受到了影响，严重制约了教学的发展。学校要发展，就要想办法向外扩展。2000 年，省里提出要建设一个大学园区的规划，于是就在昆明附近开始找地，走访过西山区、嵩明、安宁、玉溪等地，发现都不适合。二是因为在 2003 年 5 月 31 日，云南省委、省政府确定了建设“一湖四环”“一湖四片”的现代新昆明战略，昆明呈贡新城作为现代新昆明东城先期启动，于是呈贡便成为建设大学城的最佳位置。

呈贡新区的开发为什么是大学先入驻？新城发展可以采取众多的模式，但无一例外的是要有“人气”。呈贡曾经是个农业县，要演变为一个人口达到 100 万的现代化城市，需要诸多要素聚集。呈贡的社会发展已经到了由农业文明步入工业文明进入城市化的阶段。从理论上讲，百万人口大城市的培育，如果没有外因的影响，任其自然生长，需要 100 年的时间。因此，呈贡新城在发展的初始阶段，首先是将具有一定人口规模的高校迁至呈贡，进而带动相应的配套服务设施的发展和初步完善，积攒“人气”，逐渐吸引更多的人口和产业到这里聚集，通过以城带产，以产带城，逐步驱动城市的发展。呈贡大学城的建设是呈贡新区对外展示的名片，更为重要的是，为呈贡新区的发展提供了人才保障和智力资源。可以说，大学城是新区发展的启动力。

图 1–19　曾经热闹的景明南路地摊街夜市

探究

通过走访呈贡新城早期迁入的居民，了解新城最早商业区的位置，并思考其形成的区位优势。

（二）松茂山谷

沿考察路线向山区行进，便从坝区进入了松茂山谷。沿途的公路边坡出露了发育有众多裂隙的玄武岩风化壳，谷底是捞鱼河的上游河段，河床、河岸为现代河流的沉积物、山麓坡积物，翻过山丘，可以看到植被稀疏、地表干旱的石灰岩喀斯特地貌，可以判定，谷底沉积物覆盖于玄武岩之上，而玄武岩又覆盖于石灰岩之上，是一个典型的向斜谷。因向斜构造利于地下水汇集，且此处玄武岩风化裂隙、构造裂隙及本身的孔穴构造利于地表水的下渗和赋存，所以地下水资源丰富。火山岩来源于地壳深部，富含微量元素，加之该地人类活动少，无污染，水质好，故成为一些矿泉水公司的生产基地。

阅读

商品矿泉水的工业区位

不同类型的工业，对生产基地的区位有不同的要求。德国经济地理学家阿尔弗雷德·韦伯（1868—1958 年）根据工业产品重量与原料、燃料重量的关系以及劳动力、工业集聚等因素，把工业分为原料指向型、市场指向型、动力指向型、劳动力指向型、技术指向型等几种类型。一般认为饮料类的产品，因主要成分为水，而水被认为是“遍在性原料”，几乎在任何地方都可以获取，所以为了减少运输成本，一般把饮料生产基地设在城市周边，故多数饮料是市场指向型的工业。但商品矿泉水不是市场指向型的工业，因为优质的矿泉水水源并不是“遍在性的原料”，只能根据原料地进行布局。松茂山谷不仅具有优质的地下水，而且距离城市近，且周边就有公路，不远处设有高速路入口，所以珍茗水、云南山泉的生产基地在此布局具有明显的竞争优势。

活动：去商场的饮料区了解各种饮料的产地及价格，看一看除了矿泉水，还有哪些饮料不是“市场指向型”，并分析原因。

继续沿山谷前进，便是松茂水库，这是呈贡新区的主要供水水源之一，年平均蓄水量在 1 260 万立方米以上。该水库除了具有蓄水供水的功能，还被开发为高原水上训练基地，每年都有大量皮划艇运动员来这里集训。因高原含氧量较低，加大了运动员的运动负荷，有助于耐力提升，不少水上运动员在这里集训后，在奥运会及世界级比赛中摘金夺银，因此松茂水库还被一些专业人士称作“水上第一高原”。

图 1-20　松茂水库

松茂水库的尽头是松子园村，随着坝区土地逐渐转变为城市建设用地，可用耕地越来越少，松茂水库上游谷地发展城郊农业的优势逐渐凸显，耕地多数改种蔬菜，供给城市。但由于耕地位于水库上游，为了保护水源地水质，部分耕地开始退耕还湿。虽然蔬菜种植受到了影响，但坡地上的樱桃却开始走俏。

图 1-21　马朗樱桃

沿公路继续前进，一直到七甸的马郎，这里盛产樱桃，每年 4 月大量游人涌入，地方推出的特色乡村旅游产品——樱桃采摘节受到了人们的欢迎。但因采摘季节太短，旅游产品过于单一，园主间竞争激烈等，只靠樱桃采摘项目，依然难以形成带动地区发展的强大力量。当地还应继续在开发旅游资源、旅游产品，加强基础设施建设，提高接待能力等方面下工夫。相信在不久的将来，松茂、马郎一线，依托新都市郊区的优势，可以成为人们休闲的后花园，享受绿色发展带来的福利。

顺着石安公路来到马郎，你会发现原本公路边黑褐色、褐色的玄武岩风化壳不见了，这里的公路边坡是红色的泥土和砂岩，偶尔夹杂着白色泥岩或石膏。玄武岩来源于岩浆，而砂岩、泥岩一般是陆地环境沉积造成的。在马郎附近的一个采石场内，还可以看见砂岩、泥岩上覆盖着一些磨圆度很高的鹅卵石混杂在砾岩层中。鹅卵石的形成需要具备几个条件：①有供给岩屑的源区；② 有足以搬运碎屑的水流；③有搬运能量逐渐衰减的沉积地区。这里的鹅卵石粒径较大，在 10 厘米以上，沉积地距离岩屑源地应该不会太远，所以基本可以确定这一套红色的岩层应该是在陆地湖盆边缘沉积的。

图 1-22　玄武岩（左）、砂 / 泥岩（右）

（三）三台山——斗南

自马郎返回，至松茂上汕昆高速，穿过众多低矮山丘，在王家营收费站下高速，沿石龙路经过大冲新型工业区、洛羊国际物流园区两个功能区。大冲片区实际为经济开发区托管，经济开发区属功能区，实际不具备行政管辖权。洛羊国际物流园区未来可能成为云南甚至中国与南亚、东南亚之间的货物中转、集散枢纽。

这里我们讨论一个问题：为什么交通站点一般选择在城市边缘？

城市具有多种职能，但其服务的对象，有对内的，也有对外的。如城市内的中小学，其教育职能主要是为城市内部居民服务的，而高等教育机构在很大程度上承担着对外的服务职能。交通运输枢纽不仅承担着服务内部居民的职能，还会有很多人流、货物中转，因此也承担着服务其他区域的职能，为了避免内外部服务职能交织给城市内部交通系统带来过大负担，一般会把交通运输枢纽、交通过境线等安排在城市郊区。

从石龙路转入兴呈路，穿过呈贡老城——龙街子，再走一段路便是呈贡三台山。三台山上旧时曾有三台寺，供奉道教诸神，香火旺盛，但近代以来毁于动乱。明代哲学家李贽曾登临三台山，远眺滇池，风景宜人，而得一联："一览观沧海，三台自草亭。"抗日战争时期，为避日本飞机轰炸，冰心和丈夫吴文藻携儿女在三台山默庐居住了3年之久。这一庭院一时成为西南联合大学校长梅贻琦、戴世光、陈达等文化名流和学生周末聚会的场所。冰心在这里写下散文《默庐试笔》，并在香港《大公报》上发表。

图 1-23　新修的三台山公园及冰心默庐

阅读

默庐试笔（节选）

冰心

我为什么潜意识的苦恋着北平？我现在真不必苦恋着北平，呈贡山居的环境，实在比我北平西郊的住处，还静，还美。我的寓楼，前廊朝东，正对着城墙，雉堞蜿蜒，松影深青，霁天空阔。最好是在廊上看风雨，从天边几阵白烟，白雾，雨脚如绳，斜飞着直洒到楼前，越过远山，越过近塔，在瓦檐上散落出错落清脆的繁音。还有清晨黄昏看月出，日上。

晚霞，朝霭，变幻万端，莫可名状，使人每一早晚，都有新的企望，新的喜悦。下楼出门转向东北，松林下参差的长着荇菜，菜穗正红，而红穗颜色，又分深浅，在灰墙，黄土，绿树之间，带映得十分悦目。出荆门北上斜坡，便到川台寺东首，栗树成林，林外隐见湖影和山光，林间有一片广场，这时已在城墙之上，登墙，外望，高岗起伏，远村隐约。我最爱早起在林中携书独坐，淡云来往，秋阳暖背，爽风拂面，这里清极静极，绝无人迹，只两个小女儿，穿着桔黄水红的绒衣，在广场上游戏奔走，使眼前宇宙，显得十分流动，鲜明。

我的寓楼，后窗朝西，书案便设在窗下，只在窗下，呈贡八景，已可见其三，北望是“凤岭松峦”，前望是“海潮夕照”，南望是“渔浦星灯”。窗前景物在第一段已经描写过，一百二十日夜之中，变化无穷，使人忘倦。出门南向，出正面荆门，西边是昆明西山。北边山上是三台寺。走到山坡尽处，有个平台，松柏丛绕，上有石礅和石块，可以坐立，登此下望，可见城内居舍，在树影中，错落参差。南望城外又可见三景，是龙街子山上之“龙山花坞”，罗藏山之“梁峰兆雨”，和城南印心亭下之“河洲月渚”。其余两景是白龙潭之“彩洞亭鱼”，和黑龙潭之“碧潭异石”，这两景非走到潭边是看不见的，所以我对于默庐周围的眼界，觉得爽然没有遗憾。

……

下了三台山，前行百余米，转入金桂街，进入了“花花世界”，这里就是著名的“亚洲花都”——斗南国际花卉交易市场。斗南在 20 世纪 80 年代以前，和周边其他村子一样，有着“蔬菜之乡”的美称。变化是自 1983 年农民化忠义从广东带回并种下第一株剑兰开始的。他将盛开的剑兰插在小水桶内，用自行车载到尚义街，第一天就卖了 100 元，人们随之纷纷效仿。呈贡斗南逐渐成为著名的鲜花生产基地，随着名声和市场需求量的不断扩大，斗南升级为鲜切花的交易市场，并走上了“亚洲第一”的位置。目前，云南省 80% 以上的鲜切花和周边省份、周边国家的花卉在此交易。在全国 80 多个大中城市中占据 70% 的市场份额，出口 46 个国家和地区，“全国 10 枝鲜切花，7 枝产自云南”之说便源自于此。

图 1-24　斗南国际花卉交易市场一角

探究

思考：斗南能成为亚洲最大的花卉交易市场，其中最重要的区位因素是自然因素还是社会经济因素？

（四）环湖东路一线

从斗南沿环湖东路向南行进，公路西边是一条环抱湖岸的玉带，东边是排列整齐的屋舍良田。目前滇池周边已建成了一条平均宽度 200 米，植被覆盖超 80% 的闭合生态带。呈贡比较著名的湿地公园有“斗南湿地公园”和“捞鱼河湿地公园”，湿地公园内主要种植水杉等乔木，以及一些种类繁多、观赏性较高的水生植物。高密度的湿地植物可以起到降低河湖水流速、促进有机物和土壤颗粒沉积、吸收营养盐类、净化水质等作用，为湖泊水生态系统分担了部分净化环境的负担；还能够减小湖浪对湖岸的破坏；为其他生物提供了适宜的生长环境，保护了生物多样性。当然，除了恢复和建设众多湿地，政府还积极建设了一条与环湖路平行的环湖截污管道，并与多家污水处理厂连接，入湖污水得到了有效处理，大量削减了入湖污染负荷。环湖沿线的生态建设有力地促进了滇池水域的生态恢复，优美的环境也促进了郊区旅游的发展。

沿环湖路行至呈贡体育训练基地，这里是中国田径协会的高原训练基地，30 多年来先后培养出了上百名运动健将，被称为“冠军的起飞地”。国内外田径队及各省

（区、市）田径队、摔跤队、自行车队、摩托车队等纷纷慕名前来训练。近几年来，在全国乃至世界大赛中获得过名次的中长跑、马拉松、竞走运动员几乎都到呈贡基地训练过。

海晏村位于大渔乡西边，是村委会所在地。原来海晏村为归化县重镇和通往省城的重要水运码头，商业贸易兴盛，人流俱增。清末民初，滇越铁路、昆玉公路先后通车，滇池水运衰落。村南石龙山绝壁上建有石龙寺，始建于明清，历史重修扩建成五进式古建筑群，于 1986 年被列为呈贡县文物保护单位，寺内临海建有观海亭，入亭远眺，不免有“登石龙寺观海，犹如西山龙门”之叹！亭匾横书“松风水月”为明崇祯帝御笔，后殿壁上有一“免派鱼鸭碑”现仍被视为珍宝。2016 年，海晏村被列为昆明市第一个历史村镇。现在的海晏村从事农耕，也保留了一些传统的渔业文化，每当夕阳西下，落日的余晖、斑斓的彩霞、西山的剪影、归来的扁舟构成了一幅静谧美好的画卷。

图 1–25　海晏村和《滇池古渡——海晏村》（云南美术出版社）

位于村边的古螺蛳堆，十分吸引眼球，这里的螺蛳堆有近 5 米厚，那么为什么会有这么多的螺蛳聚在这里呢？这么厚且集中的螺蛳堆，确实不太可能是自然形成的。有考古学家认为，这里曾是滇池地区先民的聚居地，先民们将螺蛳从滇池采来，敲开螺尖食用后，便将螺壳作为垃圾集中堆放在一个地方，而且在这些螺蛳堆中还夹杂了一些破碎的陶片，所以认为螺蛳堆是“古人垃圾堆”的说法，是有一定道理的。有人发现在距离滇池将近 10 千米的松茂，也有少量的螺蛳壳，这些地方的螺蛳，则表明的是当时滇池古湖岸的大致位置。

图 1-26　古螺蛳堆

经古滇路、渔阳路至红光塑料厂，在厂后有一座不足 20 米高的小丘，被称为龙潭山。山前是一眼岩溶大泉，在当地，这样的泉水一般被称为龙潭。在龙潭后的丘壁上有一个石穴，20 世纪 70 年代，考古工作者在这里发现了一枚人类颅骨化石和若干古人类遗迹，因而此地被命名为龙潭山“昆明人”遗址。龙潭山前土地平整，在早期应为滇池近岸地区的沼泽，山后是绵长的山岗，早期可能是茂密的森林，多样的生态系统为“昆明人”的繁衍生息提供了较丰富的食物来源，而龙潭水提供了便利的取水条件，岩穴则提供了居住条件。

图 1-27　20 世纪 80 年代龙潭山全貌（左）、中外专家考察龙潭山（右）

阅读

“昆明人”遗址的保护

在中国古人类文明历史上，“元谋人”“北京人”“山顶洞人”“晚期智人”早已为人们所熟知，考古学家和史学家们对中国古人类和中华文明之源的研究大抵也是以这四者作为基本。而同样作为我国古人类发源地之一的“昆明人”却鲜为人知，这个古人类遗址静静地躺在滇池湖畔，被龙潭山的漫山杂草所覆盖，孤独地遗留在被历史遗忘的角落中。

在“昆明人”遗址的发掘、研究中，昆明市博物馆考古学家胡绍锦先生做了大量工作，耗费了很多心血。但是龙潭山遗址的保护并没有得到充分的重视，考古发现的古人类遗物，或是存放在地下室，或是直接放在胡老师的抽屉里，缺少最基本的保护。

在胡老师看来，我国省会级大都市在其郊区拥有古人类遗址的仅有北京、南京和昆明。世界上仅有罗马等少数大城市附近具有如此古老的人文资源。作为历史文化名城的昆明有此殊荣，是一件十分令人自豪的事。昆明完全可以参照元谋人、周口店北京人遗址等博物馆模式，打造属于昆明人自己的田野博物馆。另外，从目前研究成果来看，龙潭山古人类遗址的发现还对旧石器考古学、地质学、地理学、古气候学、病理学等学科有突出贡献，所以有必要建立专门的博物馆，成立专业的研究者队伍，充分发挥该遗址的的宣传价值和丰富的科学研究价值。

四、研学总结

完成研学活动后，你可以通过考察报告、游记、摄影图片，甚至纪录片的形式，来总结记录你的行程，这样会让你的研学变得更为深刻和有意义。你还可以谈一谈你在这次旅行中发现的人口、城乡规划、交通建设、产业发展、生态环境等方面的问题，并想一想现象背后的原因，问题的应对方法和解决建议。更希望你和老师或专家学者交流，并把问题带到后面的学习中，再对这些问题进行深刻思考。

CHAPTER 2

第二章

沧桑变化

追问事物从何而起，归向何处，因何而灭，是一种重要的思维方式和品质。

通晓脚下一山一河之地理，可以让我们成为一个知识丰富而且有趣的人。

第一节　史前呈贡

文字记载是人类记录历史的最常用方式，但文字出现的历史不超过1万年。在没有文字甚至没有人类的时期，呈贡是什么样的呢？在这段荒芜的历史时期，大地能留给我们的历史信息，恐怕只有岩石了。地球科学家正是利用岩石及科学手段，还原地质历史时期地理环境的面貌。

一、呈贡的岩石

知识链接

岩石是矿物的混合物，俗称“石头”。根据成因，岩石可以划分为三大种类：因岩浆喷出地表或侵入地壳冷却凝固所形成的岩石，称为岩浆岩；地表颗粒物因流水、风、冰川等搬运、堆积并在低洼处沉积进而形成的岩石，称为沉积岩；已经生成的岩石，因受到地球内部压力、温度等条件的影响，使原本岩石结构、成分产生变化所形成的岩石，称为变质岩。

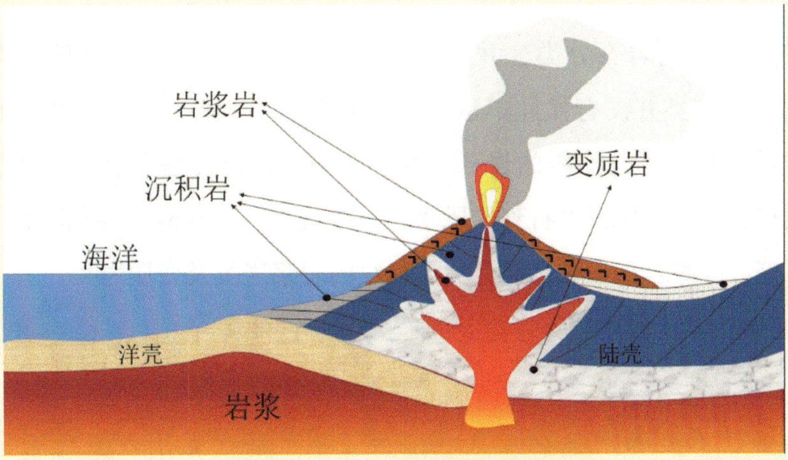

图 2-1　三大类岩石形成示意图

沉积岩是地表出露最多的岩石，它也是呈贡分布最广泛的岩石，在呈贡的坝区和山区均可见。

沉积岩有多个种类，如石灰岩、砂岩、页岩、砾岩等。

图 2-2　石灰岩、砂岩、页岩及砾岩

岩浆岩和变质岩在地表的出露面积虽不及沉积岩广泛，但地表以下 16 千米的范围内，二者的体积却占有 95%，因此，岩浆岩和变质岩是构成地壳最主要的岩类。岩浆岩又可分为两大类：侵入岩与喷出岩。侵入岩是岩浆上涌，侵入地壳内部，在地壳内部缓慢冷却而形成的岩石，最常见的侵入岩是花岗岩；喷出岩是岩浆喷出地表，快速冷却后形成的岩石，玄武岩最具代表性。常见的变质岩有大理岩、片麻岩、千枚岩等。

图 2-3　花岗岩、玄武岩、大理岩及片麻岩

以上是较系统的岩石分类，并列举了三大岩类中的一些代表性岩石，而呈贡境内出露的岩石种类并没有如此丰富，图 2-4 是呈贡最常见的岩石及主要观察点。

当然，除了呈贡本地出露的岩石，我们在城市建设过程中也会从其他地区运来一些本地没有的石材，如石雕石刻、风水石、景观石、景观池中的鹅卵石、人行道石砖、路沿石等，这些岩石一般是具有美丽花纹的岩浆岩类及变质岩类。

a. 大松子园村旁边采石场的黄褐色玄武岩［有些玄武岩是黑色的，且会有孔洞(如图 2–3 中的玄武岩)］。

b. 七甸街道马郎村附近的紫红色泥岩 / 砂岩。

c. 昆明南站后山上的石灰岩（石灰岩原色为灰白色，红褐色是因为被土壤染色以及附着了一些红色的微生物）。

d. 大新册村与松茂水库之间的山头附近的一种侵入岩，称为辉绿斑岩（这是昆明地区少有的出露于地表的侵入岩）。

e. 雨花街道蓝光天娇城西坡上的灰绿色页岩。

图 2–4　呈贡的几种常见岩石

活动

为什么喷出岩常会有气孔?

喷出岩上有时会有很多大小不一的孔洞，这是为什么呢？我们来做个小实验。

实验器材：一瓶碳酸饮料。

实验过程：激烈摇晃饮料瓶，观察瓶内的变化；迅速拧开瓶盖，观察发生的现象。

在打开碳酸饮料前，气泡很少；按压瓶身，瓶子很坚硬，这是瓶子内部压力大的缘故。打开瓶子的瞬间，饮料会剧烈地涌出气泡，这是由于瓶内压力与大气压进行平衡，使饮料表面的气压突然减小，在原本高压条件下，溶解在其中的气态物质因压力减小，产生了大量气泡。

相同的道理，岩浆在地下深部位置时是处于高温、高压条件的，在其涌出地表的过程中，压力减小，于是岩浆内的气体溢出形成气泡，或者快速地向外喷涌，留下喷涌的通道，这就形成了喷出岩上的气孔构造。

二、构造与地貌

沉积岩刚形成时，岩层接近于水平状态，在地壳运动强大的挤压作用下，岩石会发生弯曲变形，形成褶皱。褶皱分为向斜构造与背斜构造，向斜构造即轴部向下弯曲的岩层，背斜构造与之相反。

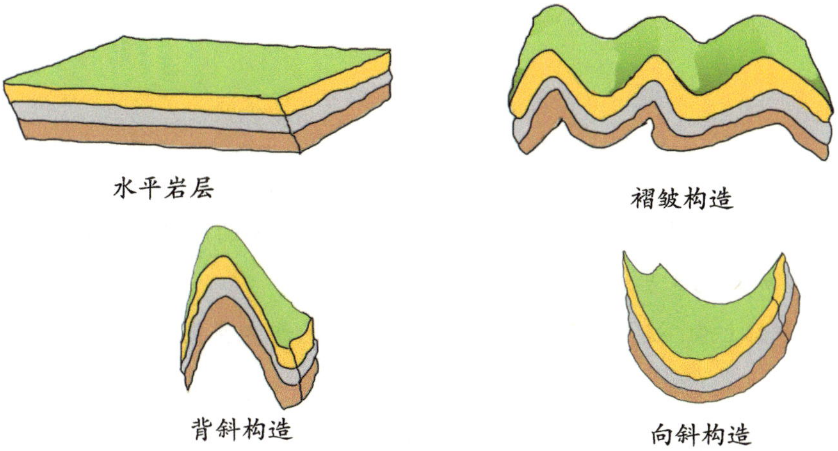

图 2-5　褶皱构造示意图

褶皱构造常发育为谷地、山岭等地貌。起初向斜构造发育为谷地，背斜构造发育为山岭，但在不少情况下，背斜构造顶部因张力作用，岩层较破碎，常被侵蚀为谷地，而向斜构造的轴部因挤压作用，岩层紧实，不易受侵蚀，发育为山岭。具体情况还应具体分析。因褶皱构造形成的连绵起伏的山岭，在地貌上称为褶皱山，如世界最长的山系——科迪勒拉山系就是著名的褶皱山。呈贡松茂山谷是一个比较典型的向斜谷地。

1. 昆明南站后面的白龙潭山是一座石灰岩构成的低山（蓝色虚线内），图中红色虚线圈出的区域主要由玄武岩层构成。从照片上可以看出，石灰岩层伏在玄武岩层之下。

2. 在蚂蚁冲一侧石灰岩层再次出现，同样下伏在玄武岩层之下。昆明南站及此地的石灰岩层朝着两地的中间地带下倾，可以判断该地为向斜构造。

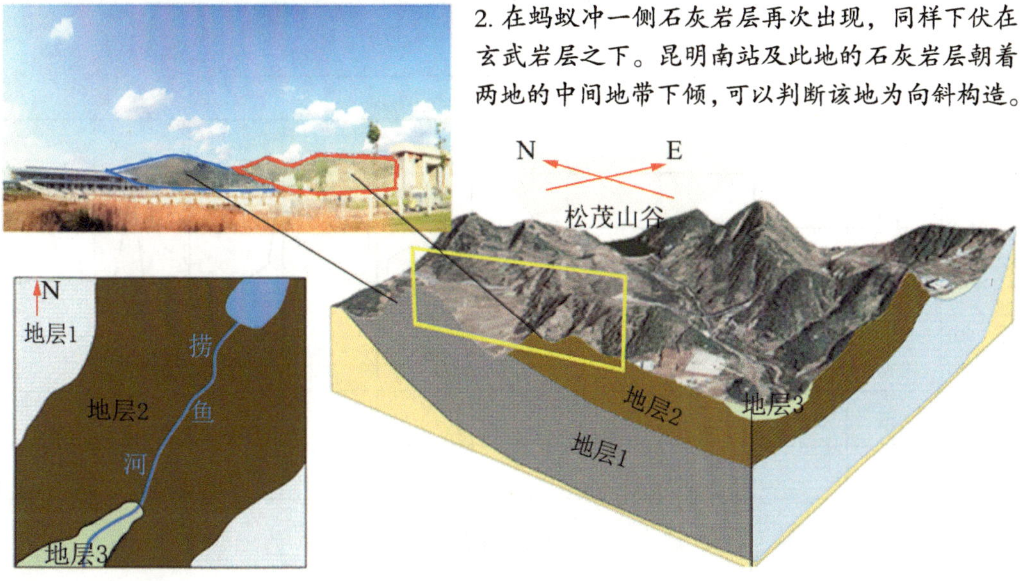

图 2-6　呈贡松茂山谷

探究

在图 2-6 的剖面图中，标示出了三层性质不同的地层，请你判断这三层地层形成的先后顺序，并说明理由。

从平面上看，松茂山谷由谷地向两边地层的新老变化顺序是怎样的？

当地壳运动的压力或张力超过岩层的承受能力时，岩层会发生断裂，使断裂两侧岩层发生明显位移，这样的构造称为断层构造（图 2-7）。

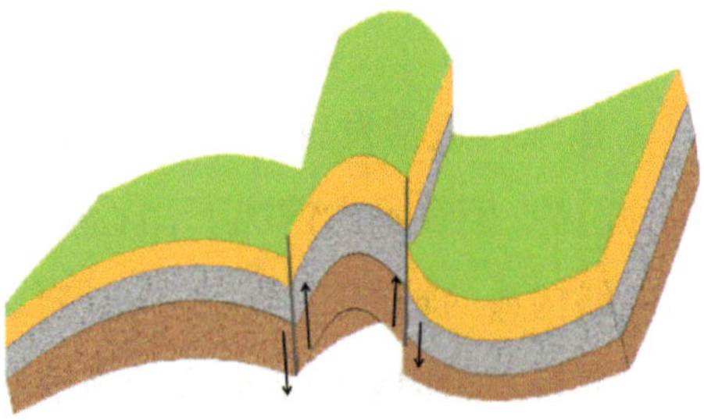
图 2-7　断层构造示意图

断层构造奠定了呈贡地形格局的基础，呈贡的地貌是在这一基础上发育的。图 2-8 显示，在直线距离不到 50 千米的剖面线上，发育了两个平坝、湖泊，坝区两边又发育了海拔 2 000 米以上的山地，成为坝区的边界。这样的格局，就是几条大断层控制的结果，滇池和阳宗海的位置分别位于两组断层的下降一侧，因此断陷成湖，断层的另一侧相对上升，形成山岭。

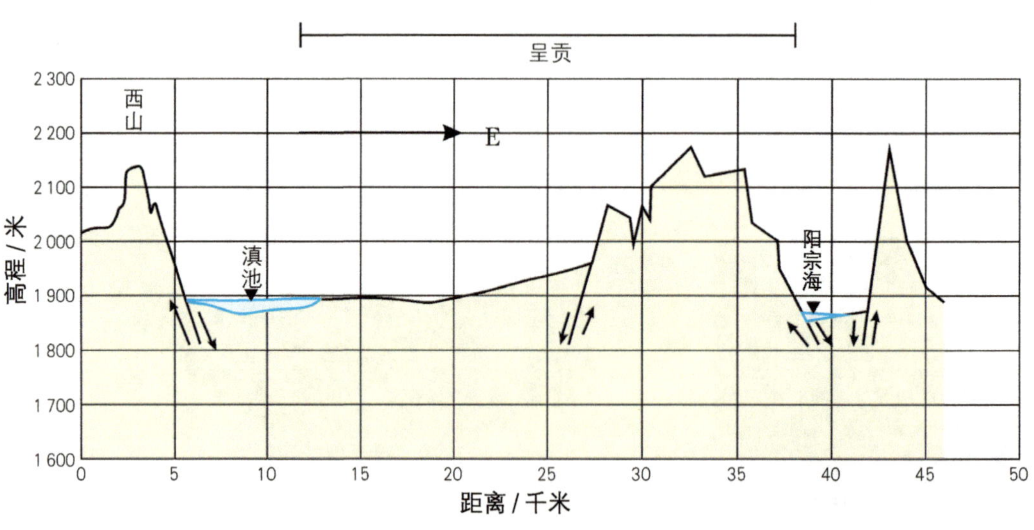

图 2-8　西山—阳宗海地形剖面示意图

“滇中第一峰”——呈贡梁王山的形成与构造运动密切相关。梁王山北坡山腰至山顶段，山崖壁立，断层面十分明显，可以判断该处有一断层线，断层的北侧下降，南侧相对上升，形成了梁王山主峰。梁王山南侧是抚仙湖，亦是因为断陷而成的湖泊。所以梁王山的南侧和北侧地块均以相对下降为主，独留梁王山主体耸立于呈贡坝子与澄江坝子之间，雄冠滇中群山。我国的华山、庐山及泰山等名山的成因均与梁王山相同，这一类山体在地形上都被称为断块山，也被命名为一种特殊的构造形态——地垒。在断层构造的基础上，水流沿一定方向不断地对山体进行“雕刻”，沟谷逐渐发育，地貌形态也更加丰富，但是我们依然可以大致分辨出大地构造运动的痕迹。

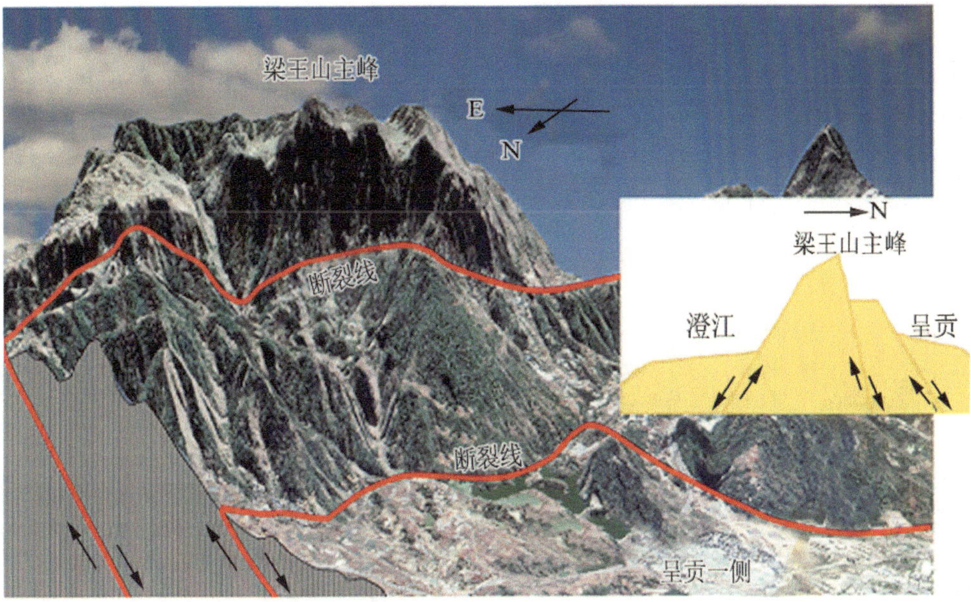

图 2-9　断层构造造就的“滇中第一峰”

三、地质演化

“天之道，损有余而补不足”，这句话出自《老子》，意为“损多补少”“削高补低”是大自然的规律。地表突出的部分往往被剥蚀，物质源源不断地向低洼处堆积，天长日久，逐渐压实固结，形成沉积岩。据考察发现，呈贡的一些石灰岩是在浅海环境下沉积的，这说明在该地层沉积时期的呈贡属于海洋环境；如果在呈贡大地上找不到某一时期的岩层，则可推测这一时期内的呈贡处于地表相对高处。根据这一原理，就可推断出呈贡在地质历史时期，经历了多少次海陆变迁。

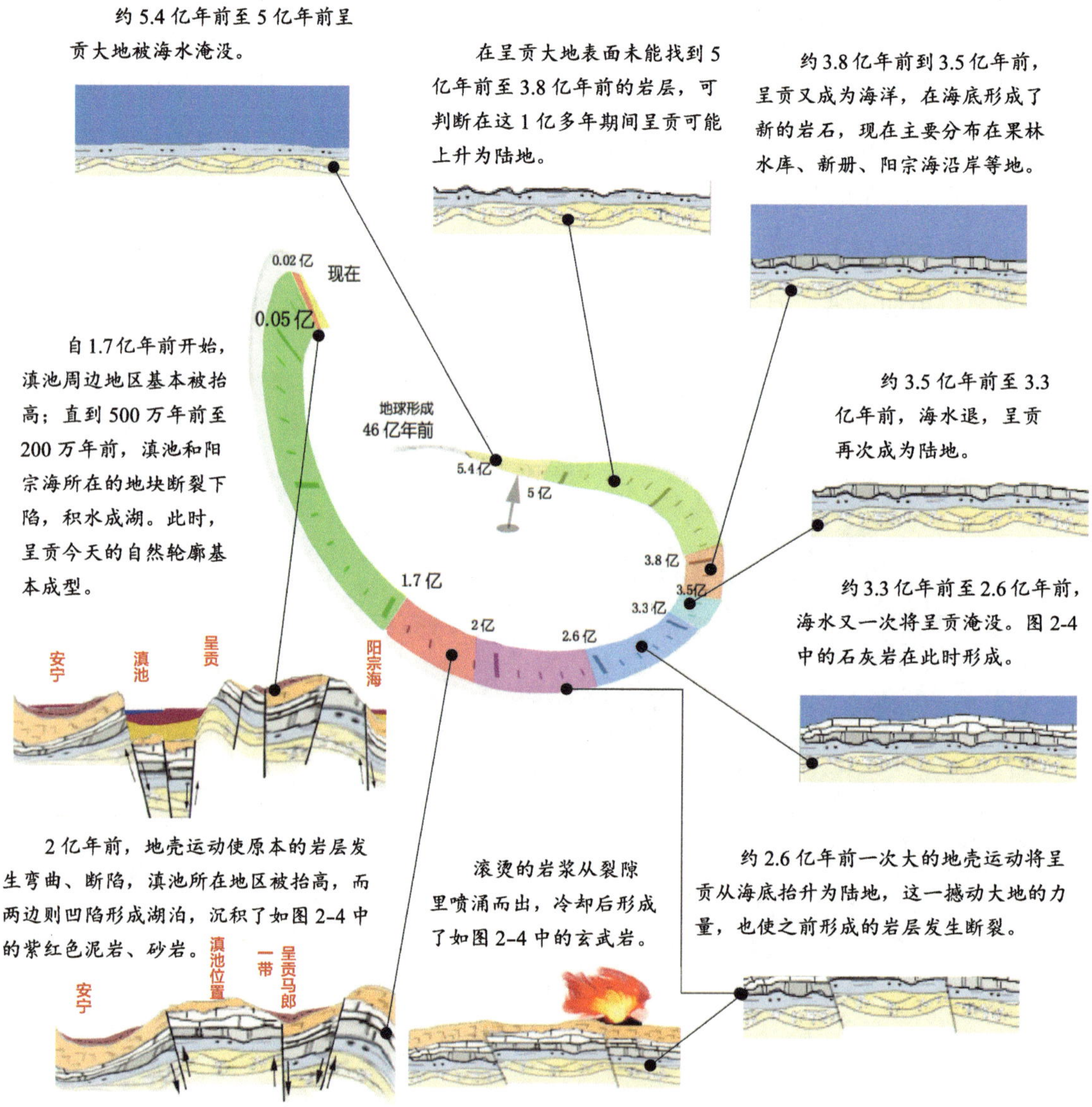

图2-10　呈贡地质演化示意图

阅读

测算地层具体年龄的科技方法——同位素测年法

在野外工作时，我们可以利用地层之间的顺序关系判断地层的相对年龄，如果需要知道地层的绝对年龄，可以在专门的实验室中，利用同位素法来测算。

同位素是指具有相同质子数，但中子数不同的元素。如碳元素有 ^{12}C、^{13}C、^{14}C，它们都有 6 个质子，却分别有 6、7、8 个中子，其中只有 ^{14}C 是具有放射性的，放射性的元素不稳定，会向外放射粒子，变为其他元素，如 ^{14}C 会在这个过程中变为 ^{14}N，这一过程称为衰变。在一个封闭的空间内所有的 ^{14}C 衰变为 ^{14}N，需要很长时间，而且放射性元素衰减一半的时间是固定不变的。如 100 个 ^{14}C 减少为 50 个 ^{14}C，与 50 个 ^{14}C 减少为 25 个 ^{14}C 所需的时间是一致的，都需要 5 730 年，这一时间被称为半衰期。每一种放射性元素都有自己的半衰期，只要确定现在的放射性同位素与其衰变产物之间的比例，以及与初始值之间的差别，即可确定样品从形成之初到目前经历了几个半衰期，进而确定样品年龄。如利用 ^{14}C 测年，发现经历了 3 个半衰期，由此可确定样品经历了 17 090 年的时间。

利用地层连续或者间断的原理，我们大致恢复了呈贡海陆变迁的历史。依据呈贡出露的地层，我们了解了过去 5.4 亿年间，呈贡至少发生过 3 次海洋和陆地的转化及一次大规模的火山爆发。在最后一次抬升为陆地后，因为断裂活动，呈贡的地形地貌格局也产生过很大的变动，直至距今 500 万～200 万年的喜马拉雅运动，地块相对下降形成了滇池，才逐渐造就了呈贡今日东高西低的地形格局。

四、远古人类

随着自然环境的变迁以及人类种群的不断发展进化，呈贡大地上开始有了人类活动，并留下了一些史前文明遗迹。20 世纪 70 年代，在大渔乡（现大渔街道）龙潭山石灰岩洞穴中，出土了一颗人类头骨化石，这一头骨的形态与现代人几乎无异。

图 2-11　出土古人类遗迹的龙潭山石灰岩洞穴及出土的人类头骨和石质工具

探究

思考：呈贡龙潭山遗址位于大渔街道红光塑料厂后，十分荒凉，很多人不知道它的存在。对于这些遗迹你觉得是否有必要进行保护？如果有必要，它有哪些价值？可以采取哪些具体措施？

在龙潭山的石灰岩洞穴中发现了犀牛的骨头，如果当时的犀牛与现在的犀牛有相同的生活习性，那么当时呈贡的气候特征是怎样的呢？

考察：请亲自到龙潭山遗址研学。发挥想象，绘制龙潭山古人类的生产、生活场景，并解释你画的内容（可参考第一章研学活动的内容）。

在头骨化石下层还有将近 1 米厚的灰烬层，灰烬层里有野猪、鹿、竹鼠、熊、犀牛等动物残骨及作为工具使用的石块等，这些遗迹被命名为“呈贡龙潭山‘昆明人’遗址”。经过同位素测年后发现，这些遗迹至少有 3 万年的历史，这是目前滇池周边最早的人类遗址。灰烬层的发现，说明“昆明人”在 3 万年以前已经掌握了用火技术；

从石质工具的形态来看，这些工具主要是用于切割和刮削食物，说明当时的“昆明人”处在渔猎采集文明时期。此外，呈贡的海晏村、石碑村等处也出土了时代较晚的人类遗址。这些遗址证明了：在远古时代，呈贡大地曾是昆明甚至云南的人类活动中心之一。

第二节　消失的村落与绽放的都市

从“昆明人”到先秦的“昆明族”，再到秦汉的“古滇国”，昆明坝子开始有汉人迁入；自三国至隋、唐、宋，滇中地区偏居一隅，地方大姓聚众称雄，如爨氏；地方民族，割据一方，如南诏、大理。直到元朝，云南才稳定地并入全国版图，此时蒙古人、回回人移民入滇，带来了一些先进的知识；而当前大多数本地汉族的祖先多于明、清时期迁入，其中明朝初期的兵屯、商屯迁入最多。自古滇国起算，在近两千年的时间里，先民们在这片土地上辛勤耕耘，基本的生产方式并没有太多变化。

曾经的呈贡是这样的：仨俩土坯房围成一个院子，前院的空地上晒着金黄的稻谷，母鸡带着小鸡在觅食。后院里青菜、桃树、李子树交错分布。门前是坑坑洼洼的乡间小路，沿着小路走便能闻到田间地头飘来的芳香。夜幕降临之际，炊烟袅袅升起，老农背着农具，吆喝着牛羊，沿着熟悉的小路往回走。这就是舒适惬意的田野生活。

活动

找到至少一张15年前的景观照片，或访谈老人请他回忆过去的家乡面貌。回校后在同学间相互交流，讨论过去的呈贡与现在相比有何不同？

2003年5月31日，云南省委、省政府确定了建设“一湖四环”“一湖四片”的现代新昆明发展战略，呈贡新城作为现代新昆明东城先期启动，自此，呈贡搭上了现代新昆明建设的“高速列车”，开始了翻天覆地的变化。

图 2-12　郎家营集市

图 2-13　缪家营村寨路口

图 2-14　柏枝营村落

图 2-15　吴家营村落景观

图 2-16　“七彩云南第壹城”

图 2-17　景明北路的安居房

图 2-18　呈贡新区市景

图 2-19　春融东路上的市政府

短短十余年，崭新的高楼如雨后春笋一般排排矗立；宽敞的街道纵横交错，周道如砥；高校、政府大楼坐落于核心地段，一个集商业、文化、政务、休闲娱乐和居住功能为一体的城市综合区——呈贡，成为一个集湖光山色，融人文景观、自然景观于一体的现代昆明新都市。

活动

通过网络查询、访谈身边老人、街道社区调研等方式，绘制两幅呈贡地区街道或社区的土地利用草图，并简单说明其变化。

第三节　快速推进的城镇化

城市不仅是物质建设的成果，还包含社会学、经济学、历史文化情感等要素，改造一个老城和建设一个新城的成本是一道复杂的计算题。建设呈贡新区，一方面要扩大中心城市规模，为中心城市营造更广阔的发展空间；另一方面要减轻主城负担以及交通、教育、就业等压力，对各大产业进行疏导，尽可能减少城市间的内耗，所以说建设呈贡新区无疑是最为简单直接而又收效迅速的办法。

呈贡新区的发展目标是实现百万人口大城市，通过扩大中心城市的发展空间和规模，增强城市竞争力，迅速扩大城市的发展空间、人口规模和经济总量，从而提高城市在区域中、城市体系中的地位，增强在国家资源配置中的分量，为城市的发展赢得政策、资源上的利好。

城镇化一般是指农业人口转为非农业人口、农业活动转化为非农业活动、农村地区转化为城市地区的过程。主要表现在三个方面：城市人口增加、城市人口在总人口中的比重上升、城市数量增加或城市用地规模扩大。

一、呈贡总人口及城市人口比重

2003 年，呈贡人口总数为 15.81 万人，到 2015 年，呈贡人口已达 33.2 万人，翻了一番。2020 年第七次人口普查数据为 649 501 人，仅 5 年时间，呈贡人口又翻了将近一番。

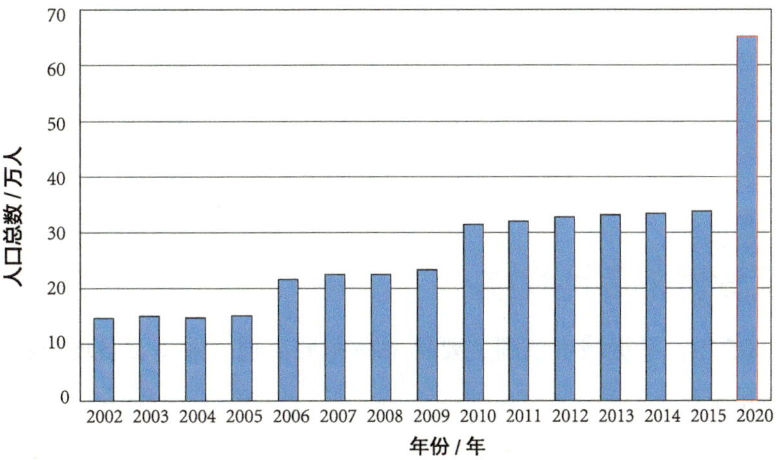

图 2-20　呈贡 2002—2020 年人口总数变化统计图

探究

读图 2-20，完成下列任务：

1. 分析归纳呈贡的人口总数变化特点。

2. 分析归纳呈贡的人口增长率变化特点，并结合你的体会说明原因。

2005 年，呈贡区城市人口占总人口的 20%，远低于 2005 年昆明市的城镇化水平。而到 2015 年，呈贡区的城市人口比重已高达 70.56%，高于昆明市的城镇化水平（图 2-21）。2020 年，呈贡区城镇人口比例已接近 90%，15 年间人口结构发生了巨大变化。

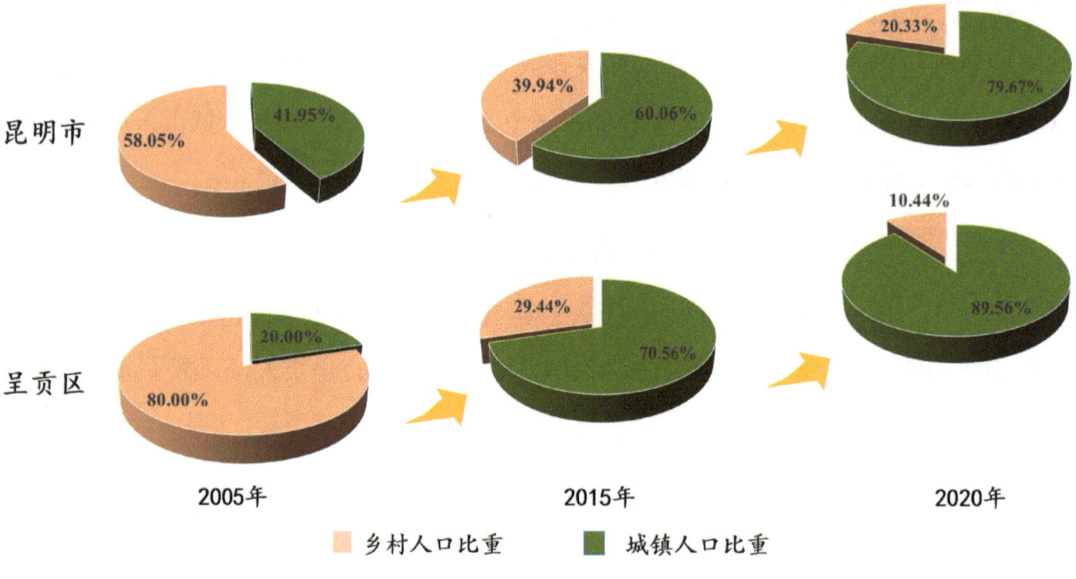

图 2-21　呈贡区与昆明市城乡人口结构对比

二、呈贡城市用地规模

1985—2005 年，呈贡城市范围主要集中在龙城街道，即呈贡县城所在地。之后，城市范围快速扩大。

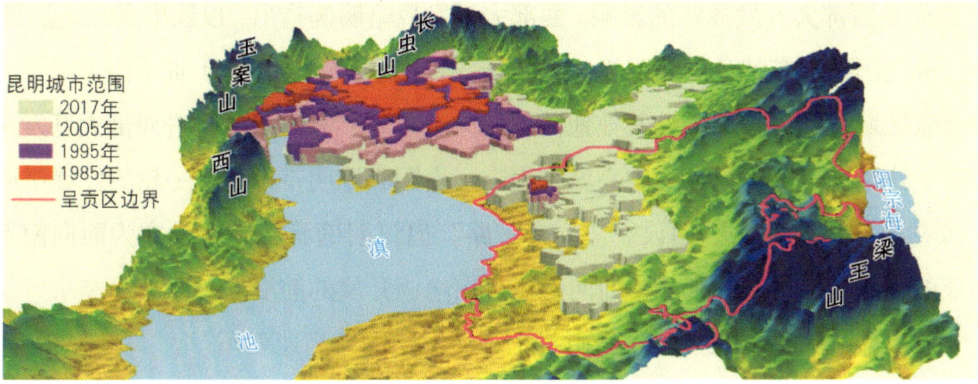

图 2-22　昆明市城市发展示意图

探究

根据图 2-22，说明 1985—2017 年呈贡用地规模发生了怎样的变化？与昆明主城区相比有何特点？

呈贡从一个普通的农业县，发展成为新昆明乃至云南省的中心城市，此翻天覆地的变化与国家发展战略大背景和呈贡的区位密切相关。

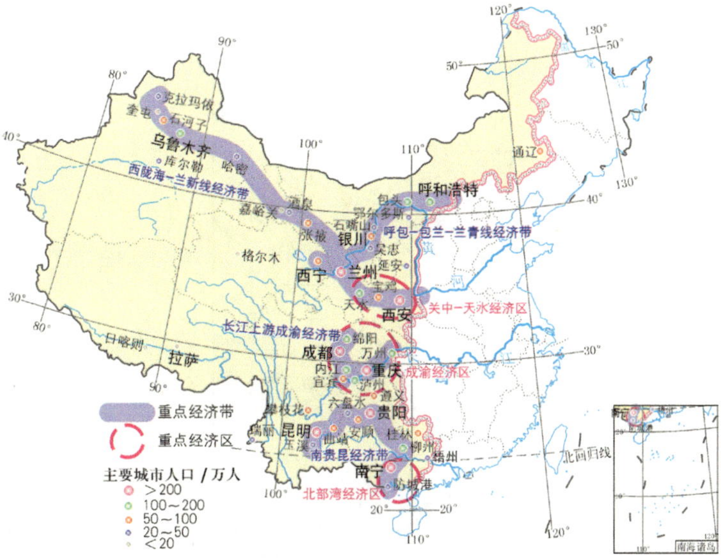

图 2-23　中国西部大开发战略示意图

首先是西部大开发战略的影响。西部大开发战略明确指出，以线串点，以点带面，逐步形成我国西部有特色的西陇海－兰新线、长江上游、南（宁）贵（阳）昆（明）等跨行政区域的经济带，带动其他地区发展，有步骤、有重点地推进西部大开发（图 2-23），这给南贵昆区域内的中心城市南宁、贵阳和昆明带来了新一轮的发展机遇。

其次是“一带一路”倡议。“一带一路”倡议明确将云南建设成为面向南亚、东南亚的辐射中心，昆明则成为面向南亚、东南亚开放的前沿。

再次是新昆明的发展规划使呈贡搭上了城镇化的“高速列车”。

最后，呈贡地处坝区，地势平坦，距离昆明主城区较近，可开发空间大。目前，呈贡区域内有南昆铁路、沪昆高铁、规划中的泛亚铁路以及昆玉高速公路和昆石高速公路，交通十分便利。

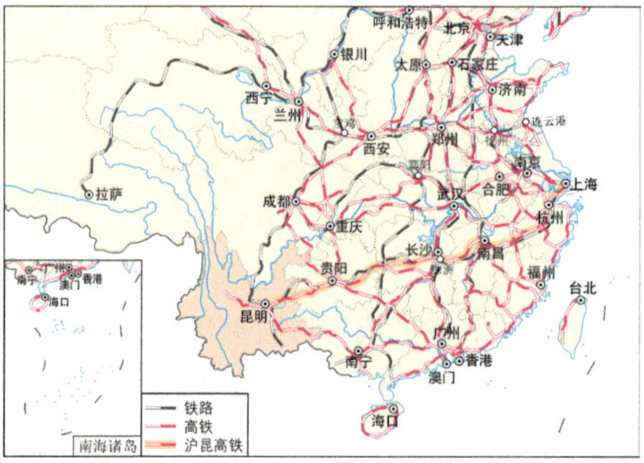

图 2-24　沪昆高铁线路图

图 2-25　泛亚铁路线路图

阅读

2003年5月31日，云南省委、省政府确定了建设“一湖四环”“一湖四片”的现代新昆明发展战略（图2–26），以滇池为中心、环湖公路为主干，公路外侧是截污系统，内侧是生态系统，为污水不进入滇池提供了可靠的保障，也为环湖新城的建设创造了良好的环境。

城镇化的另一个重要表现是城市数量的增加。随着昆明城市化的推进，逐渐形成了由各具特色的东城、西城、南城、北城四城组成的城市群。北城即现在的主城区，是以提供金融、商贸、旅游等综合服务为主的现代新昆明城市核心区。而东城——呈贡新城，是昆明的新兴工业、科研文教园区，是以花卉产业为特色的生物产业基地，同时也是现代新昆明城市的物流中心。可以说，昆明的城镇化是呈贡发展的原动力。

图2–26　现代新昆明发展战略示意图

三、呈贡城市化带来的影响

柏枝营、吴家营、缪家营……一个个村落消失了，曾经的老街区、斑驳的土坯房、十几亩的农田，转身变成了一栋栋高楼拔地而起，纵横交错的街道、集市变身为商厦，周道如砥。

城市人口迅速增长，城市规模不断扩张，城市化进程的推进给呈贡居民创造了优越的物质文化条件，例如，各类基础设施不断完善，住房条件、居住环境有很大改观，道路宽敞，交通便利，大学集聚，文化氛围良好。同时也带动了消费，促进了呈贡经济发展，优化了产业结构，增加了就业机会，合理利用了剩余劳动力。

城市化的标志不仅仅是人口数量、建筑数量、用地规模等硬性显性要素，还包括居民的文化修养、生活习惯等方面的转变。

阅读

吴大爷家的变化

吴大爷今年71岁，有三个儿女。大儿子和三女儿在家务农，二女儿大学毕业后在村里一所中学教书，都各自成了家。2011年，村子搬迁，老两口搬进了沐春园小区，住进了楼房，加上搬迁补助，二老过上了安稳幸福的生活。

大儿子没有了土地，便带上全家到嵩明，利用征地补偿款租地种菜，这虽然比在家挣钱多，但是风险也很大，一亩①地投资2万元左右，遇到菜价不好时会亏损；顺利时，一年收入50多万元。三女儿开了个凉粉饭馆，生意挺好。二女儿买了房，工资由2010年的500元提高到了现在的5 000元，生活过得也不错。

下面是根据他们的回忆和对吴家营菜市场的调查综合得出的吴家营菜价变化（以近10年为例）。

表2-1　呈贡菜价变化统计表

菜品	2010年/（元/千克）	2018年/（元/千克）
猪肉	17	23
鸭肉	13	18
牛肉	30	60
鸡肉	10	23
鱼肉	10	15
羊肉	40	70
驴肉	25	80
韭菜（夏季）	1	3
西红柿（夏季）	1	3
大白菜（夏季）	1	2
梨	3	6
桃	3	6
樱桃	10	30
苹果	3	10

问题：

从吴大爷家的变化你看到了城镇化对呈贡居民有哪些影响？

① 1亩 =0.0667 hm^2。

城市化对于农民来说不仅是一种身份的转变，还伴随着生活方式的转变。由从事农业生产活动向非农业生产活动转变，由自给型消费和“温饱型”消费向商品型消费和“小康型”消费转变，由以血缘、地缘关系为主要交往对象的封闭式交往向以血缘关系为主要交往对象的开放式交往发展，由简单的生存转向了丰富多彩的生活。这样的转变是机遇，更是挑战。

探究

阅读图文资料，讨论问题。

材料一：据统计，2010 年失地农民外出租种土地达 21 642 人次，2011 年失地农民中有 9 964 人外出租种土地，租地面积 7.76 万余亩。2012 年呈贡区户籍人口迁出比例较大，以吴家营街道最为明显，迁出比例高达 68.81%。

材料二：2012 年呈贡区人口变动情况统计图。

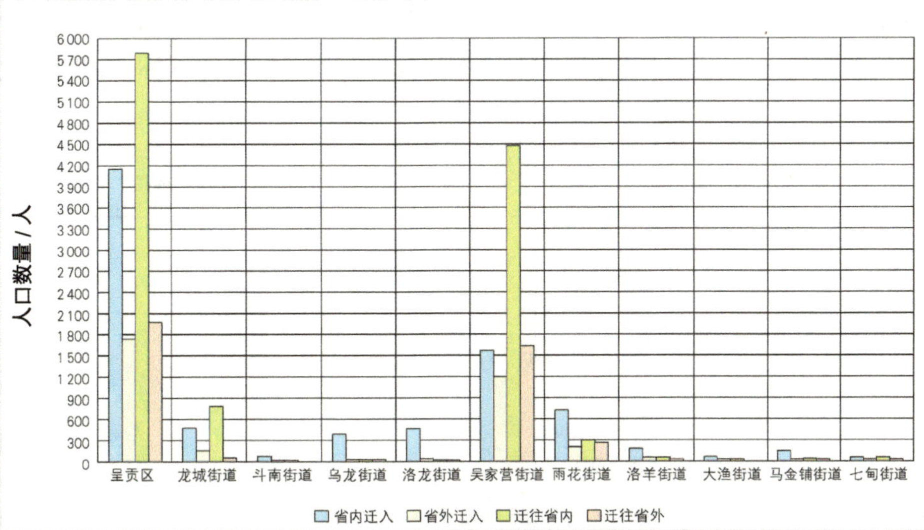

图 2-27　2012 年呈贡区人口变动情况统计图

问题：

1. 哪条街道人口变动最大？分析其原因。

2. 你认为，呈贡失地农民中的新生一代，除了在外地继续从事父辈们的农业经营，还可以通过哪些途径适应未来的生活？

第四节　新区空间布局与功能定位

一、“一核四片”空间布置

呈贡区空间布局为“一核四片”。“一核”，即由位于呈贡新区中心地域的斗南、龙城、乌龙、洛龙、雨花、吴家营等街道组成的城市核心区域，其发展重点为行政中心及中央商务核心区、大学城及中央智力区、国际花卉总部及亚洲花都。“四片”，即洛羊片区、大渔片区、马金铺片区与七甸片区。

①昆明国家经济技术开发区托管洛羊片区，重点发展数控机床精密制造、机械制造、光伏装备、交通装备等制造业以及现代物流及配送服务等产业；②昆明滇池国家旅游度假区托管大渔片区，重点发展休闲康体、高原体训、民族文化、高端商务等现代旅游业；③昆明高新技术产业开发区托管马金铺片区，重点发展生物、新材料、新能源、电力装备制造、电子信息和环保等产业；④昆明阳宗海风景名胜区托管七甸片区，重点发展以康体休闲为主的高端旅游、新型工业、绿色食品加工、生物制药等产业。4个片区是支持新区城市核心区域的重要产业支撑片区，与核心区功能互补、相辅相成。

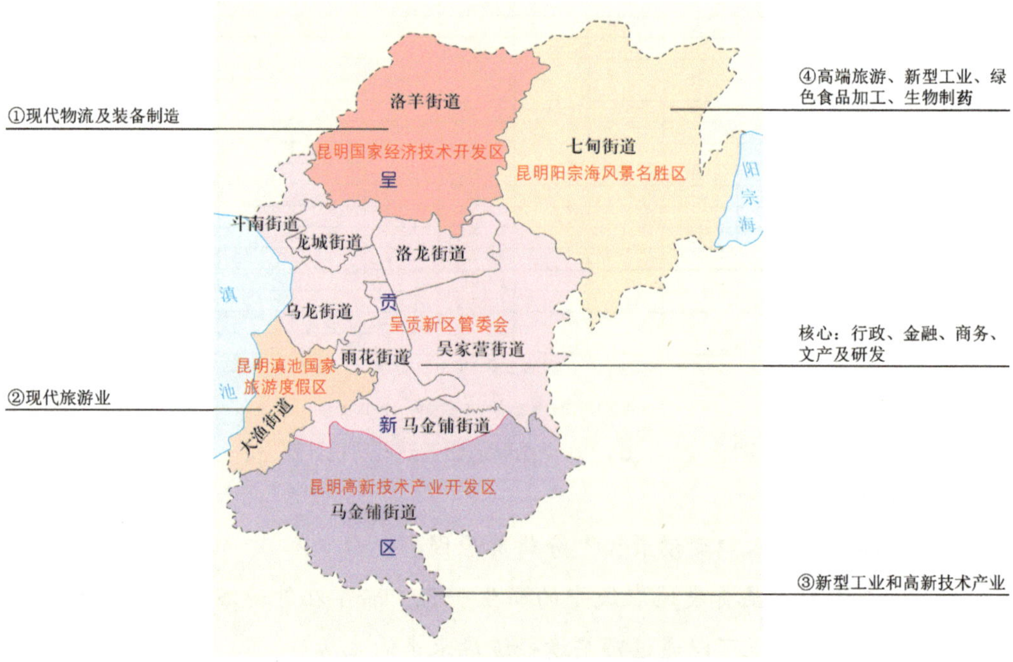

图 2-28　呈贡新区空间布局示意图

二、中心—基地—服务—宜居—平台等多种功能

呈贡的城市化不仅是因为自身的发展，还缘于昆明主城区在发展过程中出现了交通拥堵、土地资源及水资源紧张、生活环境恶化等问题，需要开辟新的发展空间，以分担主城区部分行政、高教、交通、金融服务等的压力，从而促使政府加大对呈贡的开发。随着昆明市政府、各高校相继入驻，地铁、高铁通车，昆明医科大学第一附属医院正式营运，七彩云南第壹城、新南亚风情园、实力心城、百大新都会等服务商城陆续建成，呈贡新区逐渐成为昆明市的行政中心，云南省的科教基地、服务业高地、宜居新城等。

活动

读图 2-29 和图 2-30，试评价呈贡新区彩云路与联大街沿线核心区城市空间结构布局的合理性。

（提示：合理的城市内部空间结构能够使各功能区之间既相互联系又避免互相干扰，从而保证城市的各项活动可以正常、有序地进行。）

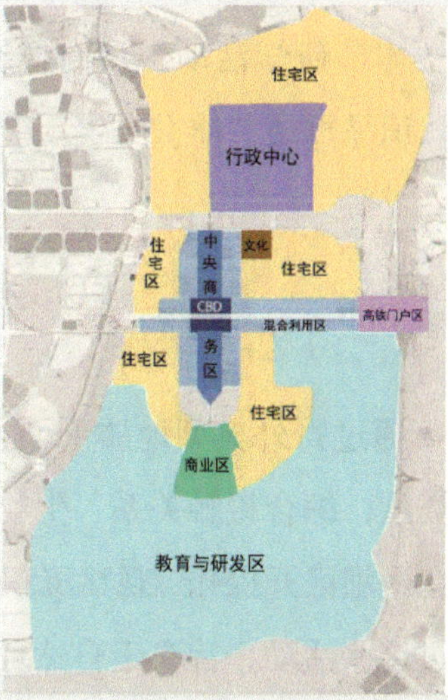

图 2-29　呈贡新区彩云路与联大街沿线核心地区城市空间结构示意图

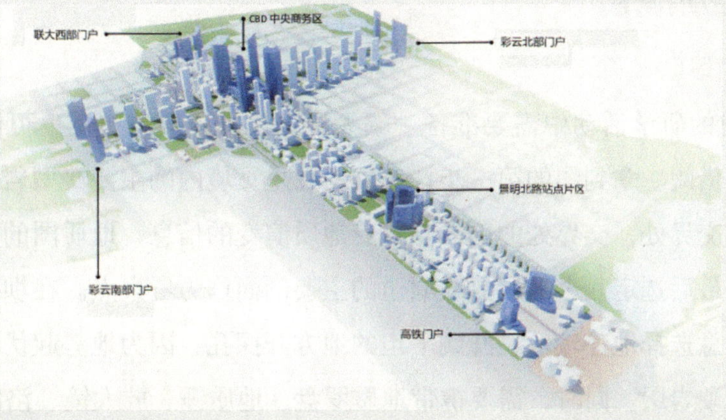

图 2-30　呈贡新区彩云路与联大街沿线核心地区东南向城市整体鸟瞰图

研学活动：呈贡自然、社会演变及云南高校巡礼

学习了本章的内容，你一定很好奇，人们是如何让自然界中的石头告诉我们遥远的地质历史时期的沧桑往事。如今的呈贡生机勃勃，高楼林立，夜晚灯光闪耀，霓虹璀璨，那么你是否也想看一看在新都蜕变之前的“素颜”景象，是否也有些怀念祖辈们口中的良田旷野，半江渔火？呈贡有众多的外来人口，在文化的碰撞、涤荡中，你是否也担心家乡文化走向消亡？悠长跌宕的家族史、波澜壮阔的民族迁徙，奠定了呈贡本土的人口格局，而时代的变迁使得今天呈贡的人口结构变得更为复杂、多元。

本节研学活动，我们将通过自然史考察、社会史考察和云南高校巡礼等方法，来认识呈贡的“前世今生”。

一、自然史考察

（一）活动目标

通过野外典型地质剖面，观察岩层接触关系，寻找岩层中的生物化石，辨别岩石类型，综合接触关系、生物化石和岩石特征，反演呈贡的地质历史轮廓。使用洛阳铲在平坝区开探孔，观察沉积物的类型，对滇池演变历史、演变环境进行简单的反演。通过这些活动，旨在于自然环境中通过感官、手脑结合的情境教学，使学生理解地质分析的基本逻辑和地质考察观察的基本方法。

（二）活动指南

1. 准备阶段

在自然史的研学活动中需要准备一幅大比例尺的地质调查图，可以通过学校向当地国土部门借阅。拿到图的第一步，先判断在呈贡境内的主要典型岩石，并找到不同时期岩层的交界处，交界处的剖面隐藏着地质演变的信息，地质图的判读可在教师指导下完成。最后选定几个地层界线周边的主要剖面作为考察点。在坝区对地质进行考察时，应注意选择地势较低、开阔平坦的地方开探孔，因为地势起伏的地段可能会有较古老的坚硬岩层。同时，需要携带地质罗盘、地质锤、放大镜、洛阳铲等工具。

2. 出行注意事项

需与家长充分沟通；听从教师指挥安排；带上记录表格、纸笔、写字板等文具；着装便于运动且具有一定保护性；带适量的水和食物；准备雨伞、雨衣；保管好采集的样品、标本。

3. 记录表格

表 2-2　地质演化调查记录表

剖面名称	经纬度位置	地层年代	岩石类型（是否含化石，化石种类）	上、下层地层接触关系	是否有地层缺失	沉积环境判断
探孔沉积物描述						
探孔位置	经纬度位置	深度范围	是否含可见的生物残体，生物残体的类型、生活环境	粒径大小估计	沉积物颜色	沉积环境推测

4. 路线建议

考虑到岩层出露状况、研学内容、交通条件，建议自然史考察路线以松茂山谷一线为宜，并专门用 1 天时间完成。

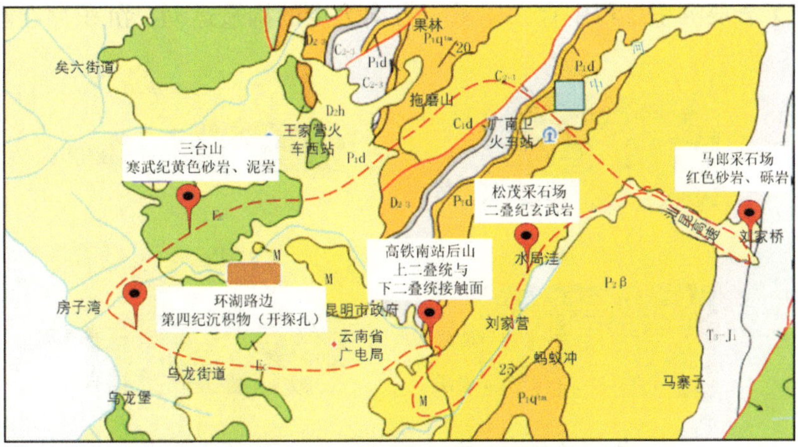

图 2-31　自然史考察建议路线

5. 参考资料

（1）地层整合接触

地层整合接触表现为上、下地层未出现过沉积的间断，在大范围内，上、下地层的层面相平行。表明在岩层沉积过程中未出现大的断裂、褶皱等垂直的或水平的构造运动，未发生或未长时间发生海陆的交替。

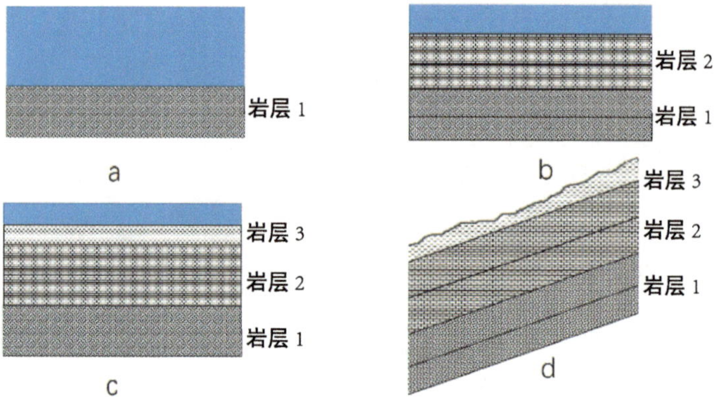

图 2-32　整合接触

图 2-32 中岩层 1 沉积之后，继而沉积岩层 2，陆续又沉积岩层 3，三个时期沉积的岩层呈平行状，d 表示该地在岩层 3 形成之后，发生过一次构造运动，使得三个时期的岩层均发生了倾斜，岩层 3 受外力作用，在地表发育了侵蚀面。

（2）地层平行假整合接触

平行假整合接触表现为上、下岩层层面相平行，但岩层之间存在侵蚀面。假整合关系表明了岩层沉积过程中存在以垂直方向为主的构造运动，沉积存在间断。

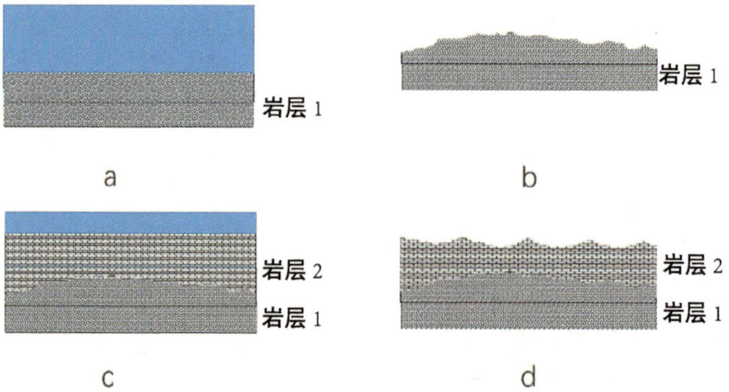

图 2-33　平行假整合接触

图 2-33 中岩层 1 沉积后，发生了一次垂直方向的抬升运动，岩层 1 在一段时期内一直以侵蚀环境为主，发育了侵蚀面，之后又下降为沉积环境，在岩层 1 之上覆盖沉积了岩层 2，后续的构造运动又将岩层抬升为陆地，岩层 2 的层面上有侵蚀面形成。因构造运动在岩层 1 和岩层 2 形成后，一直表现为垂直运动，故两个时期的岩层表现为平行关系。

（3）地层角度不整合接触

角度不整合关系表现为上、下地层之间存在明显的交角。这样的接触关系代表了在上层岩层形成之前，发生过较剧烈的水平挤压运动，下层岩层形成了褶皱、断裂等构造，使得岩层发生倾斜。

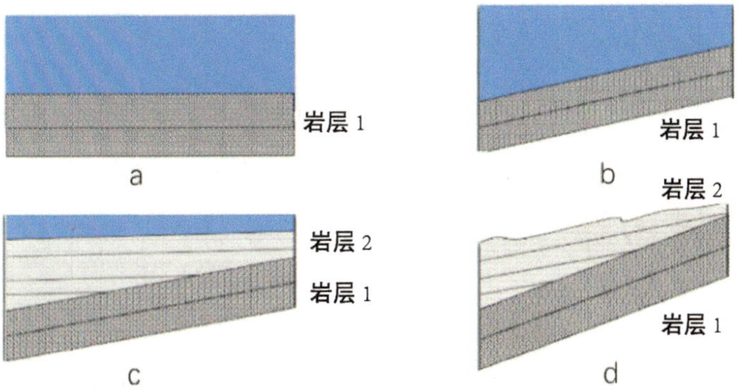

图 2-34　角度不整合接触

图 2-34 中岩层 1 形成后，受构造运动的影响发生倾斜，之后形成水平岩层 2，岩层 1 与岩层 2 之间存在夹角。根据地层的角度不整合关系，可以判断在岩层 2 形成之前，发生过一次水平挤压或斜掀运动。图 2-34 中 d 表示岩层 2 形成后进而发生了一次抬升作用，使得该地区从海洋变为陆地，因外力作用在岩层 2 的层面上发育了侵蚀面。

（4）地层层序缺失及地史意义

所谓“地层缺失”，是指某一时期形成的地层在某一区域不存在，导致地层层序不连续。地层的缺失，可表明该时期该地区属非沉积环境，以剥蚀为主。图 2-35 左图为寒武纪—侏罗纪完整的层序，而右图则缺失了奥陶纪与三叠纪的地层，说明在这两个时期之内，该地区是以侵蚀为主的环境。例如，我们生活的时代，昆明市区的地面缺失了当代的地层，而滇池的底部则沉积了当代的地层。即便未来滇池地区长时期内（可以 100 万年为单位）发生很大的变化，后世的人们也可以通过考察今天正在形成或是缺失的地层，确定哪里是湖泊，哪里是陆地。

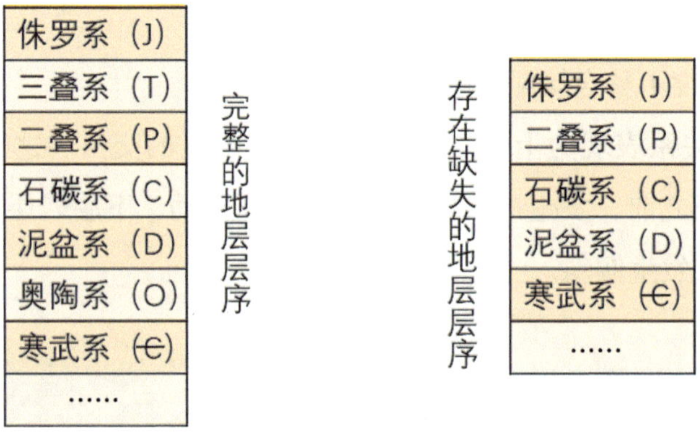

图 2-35　缺失的地层

二、社会史考察

（一）活动目标

考察古人类遗址、古墓遗址、功德碑等古迹，参观博物馆，调查汉族聚落（如吴家营），访谈年长者，借阅族谱；调查少数民族聚落（如回回营），访谈威望较高的宗教人士；调查呈贡新居民原籍、从事行业等；形成家乡经济演变、人口迁徙、民族融合的发展主线。拟通过这些活动，让学生了解家乡的悠久历史，掌握基本的社会调查方法，锻炼交际沟通能力，进而激发学生热爱家乡的情怀和保护家乡文化的责任感。

（二）活动指南

1. 准备阶段

需要提前阅读云南史、呈贡地方志等相关文献，例如，马曜先生的《云南简史》，郝正治先生的《汉族移民入滇史话》《呈贡县志》等。阅读专著可以让你对呈贡社会演变的大背景有一定的了解，便于在开展调查工作时有比较清晰的工作思路。

2. 注意事项

参观博物馆及文物古迹时，务必做一个文明的参观者；在进行社会调查时，需要结伴而行；在访问时，务必保持谦虚礼貌的态度，在访问少数民族时，务必尊重民族风俗习惯，谨言慎行。认真如实地填写调查表格。在选择访问对象时，可着重选择社会威望高、有一定学识的人士。

3. 记录表格

表 2-3　博物馆参观的主要收获

历史阶段	与外部的人口交流情况	社会经济状况（社会形态、主要民族、经济形态等）
史前文明		
春秋战国、秦汉时期（古滇国）		
魏晋南北朝（南中）		
隋唐宋（南诏、大理国）		
元朝		
明清		
民国		
新城建设之前		
新城建设之后		

表 2-4　主要历史遗迹考察及收获

考察地点	主要考察内容	考察收获

表 2-5　移民史调查

访问人员姓氏	民族	家族何时由何地迁来呈贡	族谱最早记载迁来时的职业

4. 路线建议

建议用 1 天的时间调查回回营、吴家营的家族迁移史；再用 1 天的时间，参观云南省博物馆、天子庙、沐氏家族古墓群、“昆明人”遗址、梁王山古军事遗址；如有剩余时间可考察海晏村古民居、魁阁、冰心默庐等。

图 2-36　社会史调查路线

5. 参考资料

相关历史背景资料

西南夷君长以什数，夜郎最大；其西靡莫之属以什数，滇最大；自滇以北君长以什数，邛都最大：此皆魋结，耕田，有邑聚。其外西自同师以东，北至楪榆，名为嶲、昆明，皆编发，随畜迁徙，毋常处，毋君长，地方可数千里。自嶲以东北，君长以什数，徙、筰都最大；自筰以东北，君长以什数，冉、駹最大。其俗或土箸，或移徙，在蜀之西。自冉駹以东北，君长以什数，白马最大，皆氐类也。此皆巴蜀西南外蛮夷也。

始楚威王时，使将军庄乔将兵，循江上略巴、蜀、黔中以西。庄蹻者，楚庄王苗裔也。蹻至滇池，地方三百里，旁平地肥饶数千里，以兵威属楚。欲归报，会秦击夺楚巴、黔中郡，道塞不通，因还以其众王滇。

……

及元狩元年，博望侯张骞使大夏来，言居大夏时见蜀布、邛竹、杖，使问所从来，曰"从东南身毒国，可数千里，得蜀贾人市"。或闻邛西可二千里有身毒国。骞因盛言大夏在汉西南，慕中国，患匈奴隔其道，诚通蜀，身毒国道便近，有利无害。於是天子乃令王然于、柏始昌、吕越人等，使间出西夷西，指求身毒国。至滇，滇王尝羌乃留，为求道西十余辈。岁余，皆闭昆明，莫能通身毒国。

……

上使王然于以越破及诛南夷兵威风喻滇王入朝。滇王者，其众数万人，其旁东北有劳浸、靡莫，皆同姓相扶，未肯听。劳浸、靡莫数侵犯使者吏卒。元封二年，天子发巴蜀兵击灭劳浸、靡莫，以兵临滇。滇王始首善，以故弗诛。滇王离难西南夷，举国降，请置吏入朝。於是以为益州郡，赐滇王王印，复长其民。

——司马迁《史记·西南夷列传节选》

（天子庙出土的文物中）跪坐女俑具有"滇族"妇女形象的基本特征，应当说是十五种人物图像中最典型、最稳定的形象。剽牛者虽侧掠一辫，但其发根束带，有髻，依然离不开"滇族"男髻的通式。其他人物图像过分图案化，对识别族属意义不大，仅作附录。但有一点是应当强调的，无论持矛巡逻者、舞者，所有形象都有髻，因此，墓葬的主体民族应是滇族。早在战国前期，滇池北部已有滇人的活动。这是一个正在形成的民族。及至庄乔王滇，"滇族"才真正形成，在滇池南部的晋宁县建立了"滇国"。

天子庙 41 号墓是云南目前发现的一座规模最大、保存完好、遗物丰富的滇墓。这座墓的墓口面积相当于同一墓地中、小墓的 4～10 倍，随葬品占全部墓葬出土量的百分之六十以上。

这种社会财富大量集中的现象证实，远在战国中期，古"滇族"内部已经有了明显的阶级分化，出现了奴隶主和奴隶两个对立的阶级。墓内随葬大量的兵器，还表明这个墓主人生前在“滇族”的贵族阶层中占据着高位，掌握着相当大的军事统率权。墓主人为首的一批大贵族已经建立了一个早期的奴隶制国家。

……

在这个古滇国中，看来农业是比较受重视的，例如，41号墓随葬有大型青铜农具就是证据。生产工具已经专门化，有用于犁田的三角尖叶形铜犁，用于典苗的长方形铜锄，用于收割的集嘴形长刃铜镰等等。青铜扣饰中的田螺、田蛙形象，表明当时确有适宜于它们生存、活动的沟塘、水田等浅静水面。这些水田的开发，总是离不开三角尖叶形犁。除了农业，古“滇族”中产生了许多能工巧匠，能够从事冶铸、制陶、琢磨、纺织、霖漆、编竹、皮革、酿酒等项生产。

——胡绍锦《呈贡天子庙滇墓》

秦徙吕不韦子弟宗族于蜀，汉武帝时，开西南夷，置郡县，徙吕氏以充之因曰不韦县。

——《三国志》

可以看出继庄乔之后，吕氏家族，是有记载的进入云南的汉族之一。

南诏统治者曾先后派遣几千人到成都“习孔子之诗书”……这对云南出现“人知礼乐，本唐风化”的生动局面起了积极的推动作用。

——马曜《云南简史·唐代云南文化》

西川节度使杜元颖（唐朝）治无状，障候弛沓相蒙。时大和三年也，嵯巅（南诏弄栋川节度使，在今云南姚安县北）乃悉众掩邛、戎、嶲三州，陷之。入成都，止西郛十日，慰赉居人，市不扰肆。将还，乃掠子女、工技数万引而南，人惧自杀者不胜计。救兵逐，嵯巅身自殿，至大渡河，谓华人曰：“此吾南境，尔去国，当哭。”众号恸，赴水死者十三。南诏自是工文织，与中国埒。

——《新唐书·南蛮传》

被劫掠为奴定居云南者，是一种更为特殊的汉民入滇方式。

岳飞被秦桧以莫须有的罪名害死后，将岳飞夫人及次子岳雷流放云南。80年代曾有报载昆明呈贡、嵩明有岳飞的后裔，并将岳氏族谱献给国家，若然，则可排除宋代没有汉族徙滇的说法。

——郝正治《汉族移民入滇史话》

冬十月丙午，过大渡河，又经行山谷二千余里，至金沙江，乘革囊及筏以渡。摩娑蛮主迎降，其地在大理北四百余里。十一月辛卯，复遣玉律术等使大理。丁酉，师至白蛮打郭寨，其主将出降，其侄坚壁拒守，攻拔杀之，不及其民。庚子，次三甸。辛丑，白蛮送款。十二月丙辰，军薄大理城。初，大理主段氏微弱，国事皆决于高祥、高和兄弟，是夜，祥率众遁去，命大将也古及拔突皃追之。帝既入大理，曰：城破而我使不出，计必死矣。己未，西道兵亦至，命姚枢等搜访图籍，乃得三使尸。既瘗，命枢为文祭之。辛酉，南出龙首城，次赵睑。癸亥，获高祥，斩于姚州。留大将兀良合带戍守，以刘时中为宣抚使，与段氏同安辑大理，遂班师。

——《元史·世祖一》

元军的构成，是以蒙古兵为主，其次是色目军（即回军），再次之是汉族构成的汉军。

——郝正治《汉族移民入滇史话》

云南自昔为西南夷，至汉置吏臣，属中国。今元之遗孽把匝剌瓦尔密等自恃险远，桀骜梗化，遣使诏谕，辄为所害，负罪隐慝，在所必讨。

十四年（洪武），九月，壬午朔，傅友德为征南将军，蓝玉、沐英为左右副将军，帅师征云南。

——《明史·太祖本纪》

长兴侯耿炳文诏谕傅友德、蓝玉、沐英班师，太祖复谕西平侯沐英曰：“云南虽平，而诸蛮之心尚怀疑贰，大军一回，恐彼相煽为患，尔其留镇之，扶绥平定，当召尔还。”

——《太祖实录》

沐英还镇云南后，做了一件惊天动地的事情，“移江南、江西二百五十万人民入滇（史家认为此数字过于夸大，因洪武初云南总人口只有一百二十多万）”。……就在沐英镇滇期间，整个云南的坝区、山区、交通沿线甚至边疆地区千屯遍列，开荒、筑城、修路、兴学，出现了热火朝天开发云南的景象。与此同时，江南一带的牛耕技术、灌溉技术、优良种子以及民居、民俗甚至教育、民间艺术、宗教信仰等都随汉民被带进云南。

——郝正治《汉族移民入滇史话续集》

除以上资料外，移民入滇的人群还包括清朝的流官，民国抗战时期，云南作为大后方也有大量人口迁入，新中国成立初期有南下干部、上山下乡知识青年等进入云南，改革开放后人口流动更为频繁，有号称“十万‘川军’入滇”的人口迁移等。

三、云南高校巡礼

此活动可以囊括全部学科，成为一个多学科融合的综合性实践活动。走访的大学和专业可以根据需要随意组合设计，受众学生的获得是个性化的、开放性的。最好是学校层面组织，以便更好地与高校联系和沟通。

（一）活动目标

1. 云南高校巡礼活动，实质是引导学生进行职业生涯发展规划。通过职业规划教师对学生前期的职业意向分析，让学生对个人的职业潜能有初步认识；然后走访参观不同学科性质的大学及各种实验室、博物馆，聆听专业介绍或教授访谈等，了解社会上的各种职业及其领域内引领者在职业活动中表现出的行为态度和情感，以及其对社会的贡献，进而启发学生个人的职业理想；再结合理解一个人一生的工作经历是职业职位变动和理想实现的过程，从而开展对个人职业生涯发展主观和客观条件分析的活动。在此基础上确定个人最佳的职业目标和发展途径，并为实现职业目标制定出合理可行的措施。

2. 开展职业生涯发展规划活动，目的是促进学生端正学习态度，更好地激发学生自我内生动力。同时也帮助学生顺利进行适应高等院校大类招生制的高考科目选择，迎接新高考，励志成为高素质人才。

（二）活动指南

全活动由准备、巡礼、总结三个阶段组成。

1. 准备阶段

规划路线→实地考察→对接参观地职业规划教师和专业讲座教授→做相关准备（材料、交通工具等）→确认内容、时间、地点等。

2. 巡礼阶段

（1）参观大学校园后，聆听职业规划教师微讲座。

（2）由学生根据自己的初步职业理想，分小组到各个学院进行参观学习。

备注：全程利用手机、录像等工具简单记录（表 2–6），最重要的是保持好奇心、积极思考、踊跃交流。根据情况，可以进行一次活动，也可以进行两次或三次活动。

表 2–6 导引式笔记

职业潜能分析	个人的性格、兴趣爱好、才能等	
	霍兰德职业倾向测试结果	
初步职业意向		
自身的职业发展潜力		
社会环境提供的就业机会		
走访大学及专业		
专业概况		
走访见闻及感想		
树立正确的职业理念		
职业生涯初步规划		

（3）路线建议

图 2-37　大学巡礼研学路线示意图

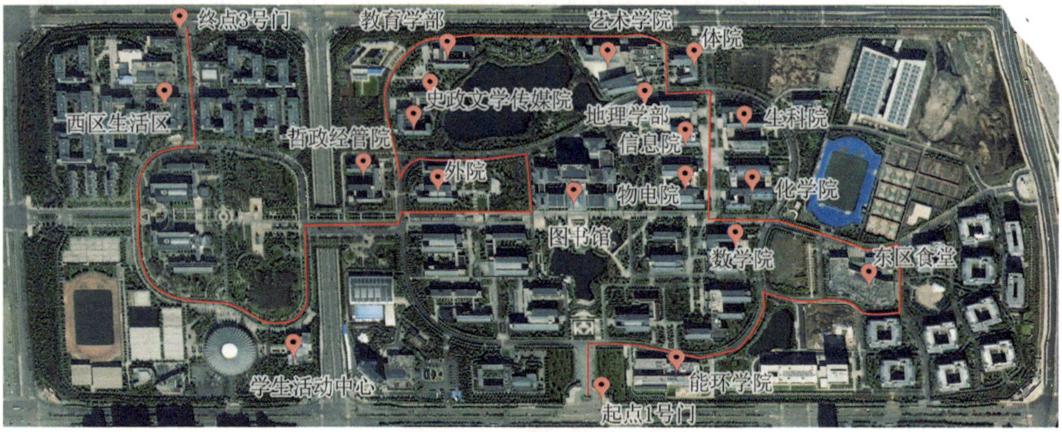

图 2-38　云南师范大学研学路线图

3. 总结阶段

组织讨论，指导完善巡礼中学生的不确定点，提升研学收获，通过学生总结，以周记或作文等形式，撰写心得体会。最后要达到对自己的理想和人生有初步规划的效果。例如，下面列举的某学生在云南师范大学巡礼后的总结，基本达到了研学目标。

我的理想和职业规划

这个周末，我有幸参加了学校组织的“云南高校巡礼”研学活动，我们这次走访的是云南师范大学——一所绿树成荫、鸟语花香的大学。因为我们将要实行分科走班制，学校特意安排了这一系列活动让我们提前了解大学里的专业以及各专业的培养目标、就业领域和职业发展前景，使我们提前对自己今后的职业选择有一个初步规划。

在云南师范大学就业处，我们聆听了一场就业选择方法指导微讲座。职业规划师先让我们写出自己的性格、兴趣和特长等，然后做霍德兰职业兴趣测试，根据测试结果去选择将要走访的学院。我的性格兼具开朗和安静；爱好是旅行和冒险，喜欢探索未知的世界；特长是朗诵，热衷于关注社会问题。根据测试结果发现，我自身是一个喜欢与人交往、善言谈、愿意教导别人，关心社会问题、渴望发挥自己的社会作用，动手能力强，偏好于具体任务的人。这些特点与中学教师职业基本内容中的专业理念与师德、专业能力这两方面有大部分重合的地方，因此，我相信我身上有极大的教师发展潜能。

另外，我通过互联网搜寻到一些有关社会环境提供给地理教师职业机会的信息，主要是以下四个方面：

（1）行业分析。随着科教兴国战略的进一步深化落实，习近平总书记在 2018 年的全国教育大会上再次强调，教育投入要更多地向教师倾斜，不断提高教师待遇，全党全社会要弘扬尊师重教的社会风尚，努力提高教师政治地位、社会地位和职业地位。由此看来，它的发展状态是积极向上的，有孩子的地方就需要教育，可以说教育行业是属于永远的“朝阳产业”。

（2）职业分析。教师的工作环境比较单纯，大多与学生打交道，对教师本身的专业技能要求较高，社会地位和待遇都相对较好。

（3）企业分析。需要教师的单位一般是学校，有公办学校和私立民办学校之分。公办中学带有编制的地理教师岗位职业压力较私立民办中学的职业压力稍小一些，若在工作岗位上不出现影响恶劣的错误，可以说是一个“铁饭碗”，不愁温饱。但是，带有编制的中学地理教师岗位数量也明显比私立民办中学的岗位数量少。私立民办中学的教师大多具有与公办教师同等的职业发展和个人上升的机会，只是在社会福利待遇方面较公立学校稍差一些。

（4）地域分析。目前全国的一、二线城市经济发达，人口众多，公办和私立民办的中学也很多，对教师的学历和能力等方面的要求相对于落后的偏远地区要高出许多。

通过以上各方面的分析，我还是比较看好教师这个职业的。我的同桌对新能源开发比较感兴趣，他去了能源与环境科学学院走访，而我考虑到自己感兴趣的科目以及云南师范大学现开设的专业，我决定去地理学部看一看。

地理学部的老师热情地接待了我们，向我们介绍学院的特色专业——地理科学（师范），其旨在培养以下人才：①地理科学基础理论扎实、知识全面、技能熟练，教学能力适应现代地理教学需要，能在高、中等院校和中小学校从事地理教学和教学研究的教育工作者；②在科研机构、管理部门和企业从事科研、管理、规划和开发的高素质复合型人才，毕业后可从事地理、资源环境、国情等方面的科研等，可到国土局、规划局等相关部门就业。

此外，学院的资深专家教授分享了个人的求学经历、科研方向与职业追求，博士毕业的实验员老师带领我们参观了高原地理过程与环境变化云南省重点实验室，这里是高原湖泊水污染治理、科技创新人才培育基地。我主动与研究生交流，了解到地理学部的学长学姐们在日常学习生活之外，常常来实验室做实验，虚拟GIS实验室和遥感应用实验室让我大开眼界，我们现在手机里的地图应用都借助了GIS技术和遥感技术，在那里我大概知道了卫星地图的制作原理。地理系的教授向我们详细介绍了最有趣的智慧地理教室和教具制作室。智慧地理教室里有先进的地理教学仪器：数字星球投影系统——可以将平面地图投影到球面，使平面的地图更加生动有趣，我们可以直观地看到地球运动的现象，大大提高了我们的空间想象能力；还有教师教学质量评价系统，该系统由软件和硬件组成，二者共同记录、监测和评价教师的授课过程和教学效果，可以让教师发现自己在课堂中表现行为的不足以提出改进意见，利于准教师在职前掌握基本的教学技能和落实新课程教学理念。

最后，通过这次走访所得并结合活动后查找的专业文献，我了解到成为一名合格的地理教师要拥有本体性知识、条件性知识、实践性知识和素养性知识，掌握与地理学科有关的能力、地理教学设计能力、地理教学实施能力和地理教学评价能力等。

通过这一次的走访参观，我切实体会到大学教育资源丰富，专业人才辈出，我向往早日进入大学校园。通过初步的职业规划分析，我下定决心要先努力学习眼前的高中文化知识，争取高考有一个满意的成绩，最终能如愿进入优质的师范大学就读地理科学师范专业。

（三）参考资料举隅

大学为社会各界、各领域培养人才，专业类别丰富。前一阶段组织学生到大学参观具体专业，使学生具有感性认识，后一阶段可以网络搜寻与自己兴趣点匹配的相关学校或专业。搜索内容如下所示。

云南大学：民族学专业

专业介绍

云南大学的民族学学科创建于 20 世纪 30 年代末，吴文藻、费孝通、许烺光、田汝康、方国瑜、江应樑、杨堃等享誉国内外的著名专家都任教于云南大学，为民族学学科发展奠定了坚实的学术基础和优良的学术传统。20 世纪 80 年代以来，云南大学逐步建立和完善了“本—硕—博”一体化的民族学人才培养体系。在教育部 2009 年的全国高校学科评估排名中，云南大学的民族学学科排名第一，是当年全省和西南地区唯一排名全国第一的学科；2010 年，民族学正式获批为云南省特色专业；在教育部 2015 年的全国高校学科评估中仅次于中央民族大学，排名第二。云南大学的民族学同时拥有国内一流的学科平台——教育部人文社科重点研究基地和西南边疆少数民族研究中心。

培养目标

近年来云南大学提出并大力实施全面育人，即科研育人、实践育人、协同育人、文化育人四个方面，力求实现人的长远发展和全面培养。本专业以民族学和人类学的基本知识模块为基础，以学生能力发展为目标，以民族、族群及其社会文化为研究对象，以中国西南和东南亚民族及其社会文化的调查研究为特色，以培育学生系统的专业知识和较强的实践能力为重点，培养能够从事民族宗教事务管理、民族地区公共事务、跨文化（跨文明）的交流及其管理、文化多样性传承保护、民族文化创意产业开发以及以田野调查和个案工作为基础的其他工作的应用型和创新型复合人才。

培养要求

立足于西南并辐射东南亚、南亚地区民族问题研究的特色，本专业学生主要学习民族学的基本知识和基本理论，受到民族学田野调查及社会调查研究方法的基本训练；具备调查、理解与分析民族社会文化、跨文化沟通的能力以及开展民族工作与服务社会的能力；具有胜任党政机关、教学科研机构、社会团体、国际组织、企业相关工作，以及民族宗教事务、文物与博物馆、文化创意与文化产业、文化传播与新媒体等方面工作的能力。

民族学专业人才培养须获得以下几个方面的知识和能力：① 具备国际视野和国情意识；② 思想政治上具备较高的思想道德素质，即正确的政治方向，遵纪守法、诚信人文，有较强的团队意识和健全的人格，有科学的世界观和人生观；③ 熟练掌握本专业的基本理论、基本知识与基本方法，同时具备人文社会科学和自然科学的相关知识和方法，能独立从事规范的民族学研究，能独立写作规范的民族学研究性论文；④ 理解民族学的历史与传统，熟悉中国民族学的历史；⑤ 具有民族学的理论思考能力和实践能力，能从民族学的视角分析当前民族问题并提出相应的对策；⑥ 熟练掌握文化研究和跨文化比较的方法，能应用民族文化传承、保护与开发的相关理论进行文化产业开发和文化遗产保护、博物馆布展等。

专业核心课程

民族学通论、人类学概论、田野工作与民族志写作、中国民族史、中国民族概论、世界民族概说、民族理论与民族政策、婚姻家庭与亲属制度、社会研究方法、民族宗教事务管理、公共事务管理等。

就业方向

从事民族宗教事务管理、文化产业管理、民族地区公共事务管理、非物质文化传承与保护等方面的工作；开展历史、地理、政治等基础学科的教学工作；从事新闻传媒、文化创意产业开发、民族传统文化保护与开发、博物馆布展与陈列等方面的工作。

昆明理工大学：冶金工程专业

冶金工程专业是昆明理工大学历史最悠久的特色优势专业之一，经过 50 多年的建设与发展，该专业已成为我国冶金领域高层次人才培养和科学研究的重要基地之一，形成了本科—硕士—博士—博士后的完整人才培养体系，综合实力居国内领先水平，在国内外均具有较高的声誉。

冶金工程专业旨在培养人格健全、个性突出、基础宽厚、视野开阔、发展潜力大、创新意识强、综合素质优秀，具有冶金物理化学、冶金传输原理、冶金过程控制、钢铁冶金和有色金属冶金等方面知识，能在冶金、化工、材料及相关领域从事生产、设计、科研、管理等工作的高级工程技术人才。

业务范围

毕业生可获得以下几方面的知识和能力：① 掌握本专业所必需的制图、机械、电工与电子技术和计算机应用的基本知识和技能；② 掌握黑色和有色金属冶金过程的基础理论和生产工艺知识；③ 具有黑色和有色金属冶金生产组织、技术经济、企业管理、环境保护的基础知识和工业设计的初步能力；④ 具有分析解决本专业生产中的实际问题以及进行科学研究，开发新技术、新工艺、新材料的初步能力；⑤ 了解本专业和相关学科的科技发展动态。

主要课程

英语、数学、物理、化学、制图、计算机、金属学及热处理、电工及电子技术基础、冶金设备基础、冶金工程设计基础、冶金实验研究方法、重有色金属冶金学、钢铁冶金学、轻稀贵金属冶金学。

专业排名

高居全国同类前列。

就业方向

毕业生适合到大中型冶金企业、冶金相关设备制造、冶金原辅材料生产销售等行业从事产品设计、生产、技术开发、生产组织和管理、产品销售、科学研究等方面的工作。

云南中医药大学：中医学

专业介绍

中医学专业旨在培养系统掌握中医学基本理论知识和基本技能，适应现代中医学发展和高等中医教育需要，具备良好的人文和自然科学素养、扎实的西医学基本理论和基本技能、一定的中药学及预防医学相关知识，具有较强的临床思维能力和临床实践能力的中医学专门人才。

培养目标

本专业培养适应我国及云南省医疗卫生事业发展需要，具有良好的职业道德和较强的服务人民群众健康的意识，具有较为深厚的中国传统文化底蕴，系统掌握中医药基本理论、基本专业实践技能，掌握现代医学的基本理论和科学方法；具有较强的中医思维与临床实践能力，自主学习和终身学习能力，知识、能力、素质协调发展，毕业后经中医住院医师规范化培训合格，能在各级医疗机构从事中医临床、预防、保健、康复等工作的中医学应用型人才。

培养要求

学习中、西医基础知识，中医经典课程及临床专业课程，学习交叉学科、新兴学科以及一定的社会科学知识和自然科学知识课程，培养学生具有本专业所需的素质、知识及能力。通过加强具有中医特色的人文、道德和身心素养教育，努力体现“崇德和合，博学敦行”的校训精神，培养良好的沟通技能和团队合作精神。

核心课程

中医基础理论、中医诊断学、中药学、方剂学、内经选读、伤寒论选读、金匮要略、温病学、针灸学、中医内科学、中医外科学、中医妇科学、中医儿科学、诊断学基础、传染病学、内科学。

就业方向

各级各类医疗卫生机构、教育机构、科研机构、医药企业。

CHAPTER 3

第三章

经济发展

这片肥沃的土地，泽施万物。依靠桑竹棕麻、稻麦鱼虾，我们的祖先世代繁衍。

最近十几年，旧貌换新颜。现代交通连接八方，辐射南亚、东南亚；“菜篮”变“花都”，首屈一指；新兴产业，夕阳换朝阳，潜力无限。

第一节　擎天架海的交通

行，意为行走。古往今来人们“走”出了各种各样的道路，为克服“走”的时空障碍，即从出发地到目的地的时间距离和空间距离，人们创造出了各类出行工具，也成就了现在的“地球村”。搭载人或物的运输工具，承担运输任务的事业便被称为交通。道路之间并非毫无联系，而是通过交通枢纽相互承接，将不同级别的道路联系起来，成为不同地区沟通的桥梁。

图 3-1　20 世纪 40 年代的呈贡交通（左）与现在的呈贡交通（右）

20 世纪 70—80 年代，呈贡还是昆明的“菜篮子”，12 路公共汽车往返于相距 12 千米的呈贡与昆明。2003 年 5 月 29 日，呈贡作为昆明的东城区优先启动“一湖四环”“一湖四片”建设，交通作为地区之间沟通的桥梁，率先发展。十多年的时间，呈贡“破茧成蝶”，摇身一变成为魅力“心”城。呈贡交通有了怎样的发展，它又给城市发展注入了什么样的动力呢?

一、呈贡交通现代化——高速

生活在呈贡的人这样说：

“在20世纪80—90年代，到昆明市不是很方便，12路公交车是我们与昆明连接的‘桥梁’。后来，通往村寨的公路从土路变为混凝土路，道路逐渐变宽，交通慢慢地发展起来。

2003年，作为现代新昆明东城区的呈贡，交通飞速发展，呈贡的主干道在2003年开工，2006年竣工。2006年的元旦在这条主干道上举办了万人长跑活动，可热闹了！看着呈贡建设得热火朝天，我这心里也热腾腾的。”

“我是2011届师大毕业生，刚入学时我既兴奋又无奈，兴奋师大新校区之大，无奈交通之不便。2007年，入驻呈贡的大学生仅有1 600余人，2010年就增长到了8万人。无奈从大学城去往市区的公共交通也只有170路公交车。毕业之后，我留在呈贡创业。2013年5月20日，地铁1号线南段开通试运营，至此，去市区就非常便捷了。

现在，我可以自豪地告诉你，不仅是去往市区，从呈贡去往全国各地，都变得非常方便，全国各地的人也愿意来呈贡投资，正因如此，我赚到人生的‘第一桶金’，感谢呈贡交通！跟着我，带你看看现在的呈贡交通！”

现在的呈贡交通像一个张开的蜘蛛网，纵横交错相互交织，公路、铁路、地铁连接着呈贡，也伸向全国各地，辐射南亚和东南亚。呈贡交通的现代化绝非一日之功，详细勘察、合乎实际的规划、投资与建设，每一环都不能缺少，正是在各方的努力下，才成就了现在的呈贡交通。

图3-2　2017年交通示意图

图 3-3　公交车站旁的共享交通工具

图 3-4　联大街地铁站

探究

1. 阅读 1987 年和 2017 年呈贡交通图，列表说明呈贡交通网发生的变化。

2. 30 年来，呈贡交通线分布格局始终呈现什么特点？结合地形图分析其主要原因。

图 3-5　1987 年交通与居民点分布示意图

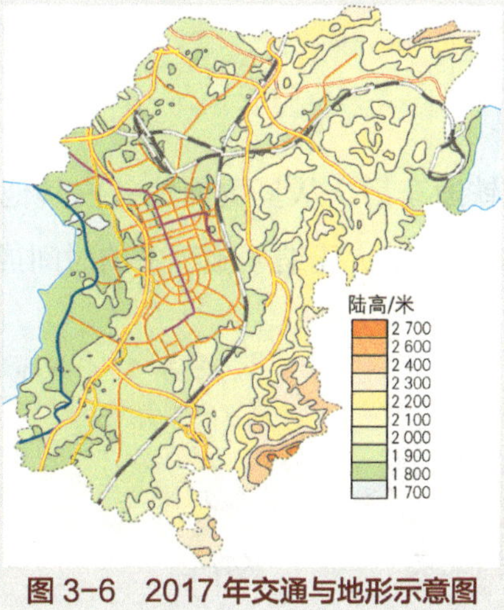

图 3-6　2017 年交通与地形示意图

二、呈贡交通牵引力——高铁

阅读

习近平总书记提出：“道路通，百业兴。”

2011 年 6 月 20 日，昆明南站在呈贡正式开工建设。2016 年 12 月 28 日，沪昆高铁、云桂高铁通车，它标志着昆明南站正式投入运营，也标志着云南正式迈入高铁时代。

截至 2017 年 12 月 27 日，一年半的时间，昆明南站共发送旅客 680 万人次。预计到 2030 年，昆明南站发送旅客将达到 4 600 万人次，平均分到每日可带来的流动人口可达近 13 万人，在呈贡集聚的流动人口可达近 20 万人。

这一巨大变化将给呈贡带来什么呢？人流的激增，人员集散需求的扩大，将带动呈贡周边地区交通及配套服务等基础设施的完善，交通网、接驳体系须更为合理。呈贡新区依靠交通的便利、基础设施的完善、高校的聚集等优势，将吸引人才留在呈贡工作、定居，届时人口流动将变为人口迁移。

高铁通车后，从呈贡前往省内其他州市、长三角、珠三角、京津冀的时间大大缩短（表 3-1），压缩了旅程中的时间成本，也拉近了呈贡与外界的时空距离。

表 3-1　高铁通车前后旅程所用的时间

出发地—目的地	火车		火车	
	车次	历时	车次	历时
昆明—北京	K474	43：18	G406	12：18
昆明—上海	K80	34：06	G1378	11：46
昆明—广州	K366	24：50	G2924	06：35
昆明—广州	K6108	6：20	D9102	06：35

呈贡作为西南重要的交通枢纽，昆明南站需要具备强大的换乘能力，以最大限度地满足旅客便利出行。例如，“昆明南站 + 昆明火车站”无缝对接，实现高铁与火车的便利换乘；“高铁 + 公交 + 地铁”，实现昆明南站与主城区各公交站，以及东、西、南、北汽车站等各重要交通枢纽的连接；“高铁 + 共享汽车”，在高铁站内部租赁共享汽车，扫一扫便能轻松出行，实现无缝对接。另外，机场与昆明南站的定制专线也已开通，30 多分钟便能直达机场，实现高铁与飞机的便利换乘。昆明南站集铁路、地铁、出租、公交于一体，与其他重要交通枢纽实现串联，形成的以昆明南站为中心的交通运输网，凸显其国际交通枢纽的地位。

随着昆明南站的建成和通车，呈贡区将逐步升级为“八入滇，四出境”铁路网的枢纽中心，“一带一路”倡议也将呈贡从中国铁路网的末梢变身为面向南亚、东南亚的国际大通道的前沿，具有连通南亚、东南亚和中国其他省份间的国际交通枢纽作用。见图 3–7。

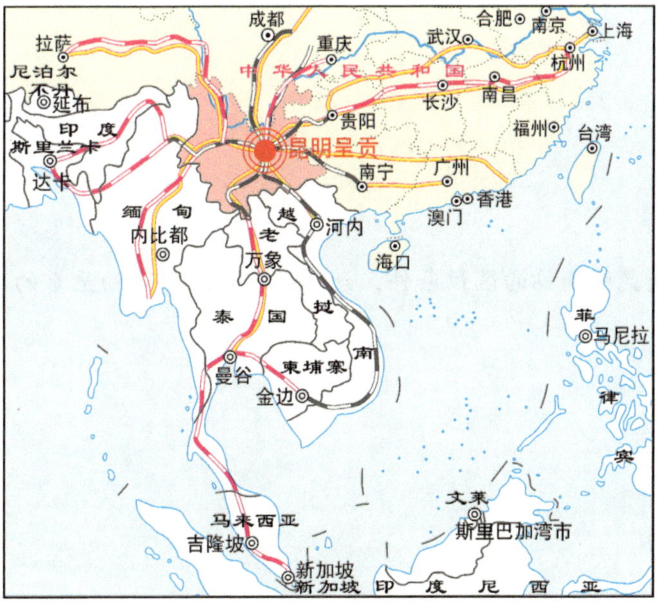

图 3–7　呈贡交通位置示意图

高铁首先牵引的是大量的流动人口，进而影响产业结构的优化升级。

庞大的人口数量在呈贡集聚与流动，多样的需求（吃、穿、住、学、劳、憩、购）吸引商业酒店、餐饮娱乐、商务办公等企业入驻，同时带动餐饮业、旅游业等各项事业的发展。与中西部、京津冀、长三角、珠三角的高铁连通，缩短了行程时间，增加了区域间的人流、物流、资金流、信息流，加速了人才、资金、技术等生产要素的流动与集聚，有利于促进呈贡产业结构的优化升级，推动商贸、信息、科技等第三产业的快速发展。

图 3-8　高铁带来的城市化发展

探究

简析昆明南站的区位条件，说明高铁将怎样带动呈贡的城市发展。

第二节　今非昔比的农业

随着改革开放和社会经济的发展，呈贡区农业经历了几次转型探索。1990 年以前是以粮食作物为主、果树和蔬菜为辅的传统模式；1990 年以后，为了适应国内和东南亚国家市场需求，农业模式进行了大调整，形成了以蔬菜和花卉经济作物为主的特色多样农业；现今随着呈贡撤县设区，城市化进程加快，人民生活水平提高，城市居民休闲旅游需求高涨，多样农业正在向依托农业的生产、生活、生态“三生”功能结合于一体的都市农业发展。

探究

探究 1：

七步场村是位于呈贡中部的有代表性的大村子。下面 4 幅图是 1986 年拆除大队部时，队长保留下的珍贵材料。分析材料，讨论：20 世纪 80 年代，七步场大队一队有哪些粮食作物和经济作物？以什么农业生产部门为主？简要分析其发展的有利条件。

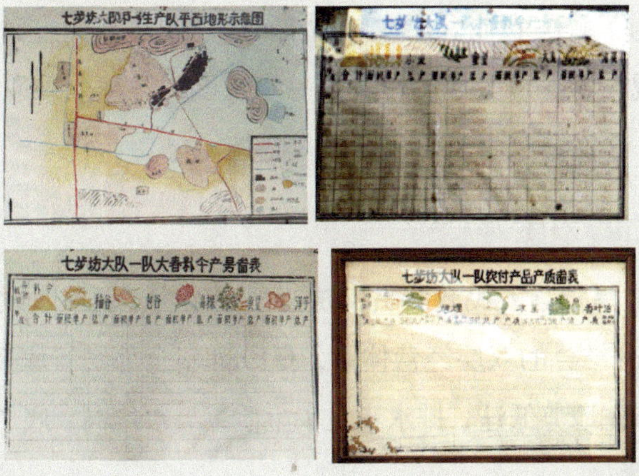

探究 2：

阅读下述材料，概括出呈贡区 20 世纪 70—80 年代农业生产的特点。

1978 年，全县种植玉米 1.64 万亩，占全年粮食作物播种面积的 9.1%。品种为老品种黄玉米、白玉米。由于旱地缺水，产量低且不稳产。

1980 年，小麦种植面积为 5.3 万亩，全县地麦多、田麦少，因缺水灌溉，耕作粗放，单产低。

1982 年，种植向日葵约 2 900 亩，主要在山区和半山区较贫瘠的地块上种植。由于种植粗放，所以产量不高。

自 1984 年开始，全县对分布在地势低洼、排水不良、土质黏、水位高、底子冷的“坐秋”“发红”田等中低产田进行改造。

一、传统农业

呈贡区气候温和，耕地肥力中等，自然条件优越，农业基础条件好。呈贡区是昆明市近郊的农业县，与昆明市区间交通便利，距离近，便于蔬菜、瓜果等保鲜期短的农产品运输。呈贡区长期以来都是昆明市区的“菜篮子”“果篮子”。20 世纪 80 年代早期，呈贡农业尚处于传统阶段，农产品产量低，随着区域人口的迅速增长和人民生活水平的提高，蔬菜需求量大幅提高。同时由于计划经济体制和农业单一经营方式没有根本改变，小农户生产与市场难以衔接，一些新的矛盾和问题，诸如农业劳动生产率低、蔬菜成本高品质低、农民在市场竞争中处于不利地位、农民增收困难等问题日益暴露出来。为了解决农业深层次矛盾，农业产业化作为一种新的经营方式，在不断探索中开始出现，为促进区域内农业进一步发展，管理上采取了改造中低产田、优化农业生产结构、建设高产稳产农田基地等措施。

（一）改造中低产田

1980—1984 年，呈贡县人民政府贯彻执行国民经济“调整、改革、整顿、提高”的八字方针，实行统分结合的双层经营体制，于 1984 年全部实行家庭联产承包责任制。同时开始对全县分布在地势低洼、排水不良、土质黏、水位高、底子冷的“坐秋”“发红”田等中低产田进行改造。粮食作物主要有水稻、小麦、玉米、蚕豆、大豆、薯类（洋芋和山药）和高粱等，经济作物主要有烤烟、油菜、向日葵等。

图 3-9　插秧

图 3-10　收割

图 3-11　可采摘的烤烟

图 3-12　正值生长期的玉米

（二）优化农业生产结构

图 3-13　万溪冲的万亩果园

自 1985 年起，在“无工不富，无农不稳”的方针指导下，县人民政府制定了发挥区位优势，因地制宜地调整农业结构，大力发展乡镇企业、县办工业和“两户一体”（专业户、承包户、经济联合体）等措施，粮食、经济作物种植比例从 1984 年的 88 : 12 调整到 70 : 30，农业结构得到了进一步优化。全县加强了对水果生产基地和蔬菜生产基地的建设，1988 年实施的“菜篮子”政策工程，加大了蔬菜基地建设力度，菜地向山区、半山区发展，发展果园菜地优化种植。

（三）高产稳产农田基地建设

自 1987 年起，实施技术课题立项、科技联产承包责任制，承包良种示范、推广，稳健高产栽培，水稻条栽，中层施肥，稻田改种玉米，低产果园改造，建规范化果园，化学除草等项目，同时采取兴修、改直排灌沟渠，清理沟道，冬歇晒垡，施磷钾肥等措施改善土壤性状，直至 1990 年年底，优质、高产、稳产的农田建设基本完成。至此，呈贡地区形成了以粮食作物为主、果树和蔬菜为辅的传统农业模式。主要的粮食作物有水稻、小麦和玉米，主要的果树有梨树和桃树等，主要的蔬菜有白菜、生菜、西兰花等。

图 3-14　水稻田

图 3-15　生菜地

图 3-16　灌溉水渠

图 3-17　蔬菜地

二、特色农业

1990年以后，为了适应省外及港澳地区和南亚国家市场需求，呈贡的农业进行了大规模的调整，花卉种植逐渐形成规模，由以粮食作物为主、果树和蔬菜为辅转变为以蔬菜和花卉经济作物为主的多样化产业，至2000年，菜、花、果成为呈贡县的三大支柱产业，位居全省榜首。从此，蔬菜、花卉、水果便成为呈贡县的特色农业，其中特产宝珠梨久负盛名，深受省内外乃至国外人士青睐。斗南花卉异军突起，成为呈贡的一张名片。

图3-18　蔬菜

图3-19　宝珠梨

图3-20　斗南的“花篮”—“花街”—“花市”—“花都”

三、现代都市农业

呈贡以平坝为主，灌溉水源比较充足，气候四季如春，距离昆明主城区近，以供应城市果蔬、鲜花、畜牧产品等农副产品为主的城郊农业发展良好，这为现代都市农业的发展创造了有利条件。

现代都市农业是指都市化地区利用田园风光、农业生产活动、农村生活及文化，为人们休闲旅游、体验农业、了解农村提供场所。换言之，都市农业是将农业的生产、生活、生态——“三生”功能结合于一体的产业。如斗南的花卉、海晏村的码头、万溪冲的梨花、七步场的豆腐、吴家营的豌豆粉等，这些农业时代的“文化遗存”，正与现代居民日益滋长的“乡愁”情怀相契合，吸引着络绎不绝的游人来此休憩观光。都市农业的发展带动了呈贡农村经济的发展，也在一定程度上解决了失地农民的生计问题。

阅读

万溪冲“梨花节”和七步场“豆腐节”

最是春来和风好，雪瓣缤纷醉万溪。每年阳春三月，春意盎然的时节，为了促进生态旅游、乡村旅游、特色文化旅游和高原休闲农业快速发展，助推呈贡区“世界春城花都”“万溪生态花园”品牌建设，万溪冲都会举办梨花节。来自四面八方的游客聚集在万溪冲，赏梨花、唱花灯、拍美照。人们踏入梨园，除了观赏万亩梨花竞相开放的美景，还可以参加各类互动游戏、文艺演出、美食品尝等活动。

2019 年，为充分挖掘昆明市呈贡区的特色旅游文化、豆腐文化，打造“和谐呈贡”“魅力呈贡”，呈贡七步场村举办了以“品豆腐百味，扬非遗文化”为主题的“七步场豆腐文化旅游节”。活动当天还将制作的豆腐、申报了最大豆腐吉尼斯世界纪录，民众还一同免费品尝了这块巨型豆腐。“豆腐节”还包括乌龙街道历史变迁书画摄影作品展、长街宴、美食街、泰国啤酒文化节、豆腐小镇 5 个打卡点，以及停车场里的音乐节，花灯、滇剧文艺展演等丰富活动。

图 3-21　万溪冲梨花和七步场豆腐博物馆

第三节　日升月恒的工业和信息化产业

呈贡的工业发展经历了由早期的传统工业向新兴工业转变，由分布零星向集聚的产业园区转变两个阶段。在改革开放的影响下，服务范围由服务本土辐射到了服务全市、全省、全国甚至东南亚。随着近年来信息产业的迅速发展，微软、华为、谷歌等数百家高科技企业纷纷落户呈贡。

图 3-22　20 世纪 90 年代的呈贡钢厂

图 3-23　现今呈贡的“云上小镇”

一、“小工厂”到“大园区”——呈贡工业概况

（一）矿产资源及分布

呈贡区矿藏种类不多，储量较小。区内蕴藏磷、硫铁、铝、石英砂岩、耐火黏土、烟煤、石灰岩、钴等，但没有大型矿床。磷矿主要分布在大渔乡的长腰山、金马箐、长坡山等沿滇池一带；石英砂、铝土矿和耐火黏土在七甸、吴家营、洛羊等地有零星分布。

（二）工业发展概况

呈贡是历史上有名的农业县，是滇中久负盛名的“鱼米之乡”，工业占比不足农业的 1/2，主要以建材、农副产品加工、纺织等传统产业为主，规模较小，零散分布。

改革开放以来，呈贡工业快速发展，传统工业不断增值提效，新兴产业逐渐涌现，重点发展以铜、铝加工为主的新型材料产业和以生物制药、绿色食品、保健品为主的绿色产业，形成食品制造业、化学原料和化学制品制造业、医药制造业、非金属矿物制品业、有色金属冶炼和压延加工业、电气机械和器材制造业六大支柱产业。截至 2019 年年底，全区规模以上工业企业（“规模以上工业企业”是指年主营业务收入在 2 000 万元及以上的工业法人单位）达 130 户。重点工业企业分布见表 3–2，工业占比变化见图 3–24。

表 3–2　2019 年呈贡区重点规模以上工业企业分布情况

街道名称	行政区	七甸街道					洛羊街道			马金铺街道
重点工业企业详细名称	云南白药集团股份有限公司	云南嘉华食品有限公司	中铝昆明铜业有限公司	云南铝业股份有限公司	昆明明超电缆有限公司	云南浩鑫铝箔有限公司	云南锡业锡材有限公司	云南金丰汇油脂有限公司	昆明聚仁兴橡胶有限公司	云南多宝电缆集团股份有限公司

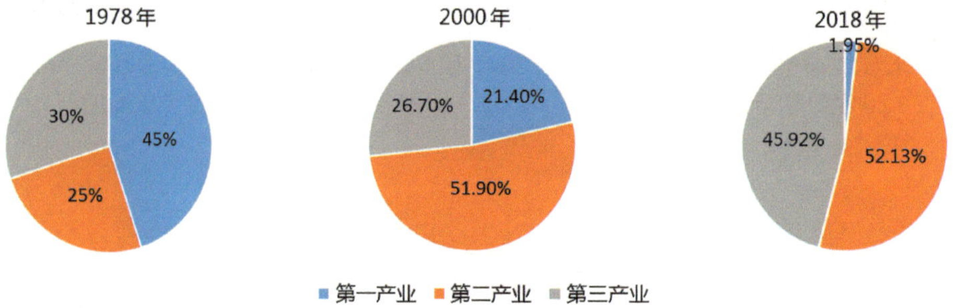

图 3–24　呈贡三大产业结构变化

活动

1. 在表 3–2 中选择一家重点工业企业，通过查阅资料、实地调查等方式，结合工业相关知识，分析该企业选址的区位因素，以及落地呈贡的有利条件、制约因素，并形成调查报告。

2. 探究改革开放后，呈贡工业快速发展的原因。

（三）工业园区

呈贡工业发展关键在园区。呈贡工业园区位于昆明市东南郊七甸，成立于2004年，是云南省40个重点工业园区之一。经过多年的建设发展，入园企业达到105家，形成了以生物医药、食品加工、新材料三大产业为支柱的新型环保产业园区。2017年，呈贡工业园区已成为云南省规模最大的绿色食品加工园区和电线电缆产业制造基地，已是云南省最大的工业园区。

图3-25　呈贡工业园区

图3-26　呈贡工业园区示意图

二、昆明“硅谷”——呈贡信息化产业

云计算、物联网、大数据……这些抽象的词汇正是互联网时代最关键的要素。随着工业4.0时代的到来，这些词汇也逐渐融入了呈贡这片炽热的红土地上。云上小镇、云上云、云南大数据中心等融入互联网时代最关键要素的呈贡，已经吸引了数百家知名高科技企业落地，有云大启迪 k 栈众创空间、启明星辰 Google Ad、中关村 e 谷创想空间、华为软件云创新中心、优必选（UBTECH）科技、ZTE 中兴、微软、浪潮、凯立达跨境众创空间等。

图 3-27　云南大数据中心

呈贡信息产业园成立于 2012 年，是全省唯一以大数据、云计算信息产业为特色的专一园区，2015 年被认定为省级工业园区。园区呈“一园三区一小镇”格局，即呈贡信息产业园、万溪冲信息产业核心区、宝相“互联网 + 大健康”产业园片区、高校片区和云上云小镇双创示范区。其中云上云小镇已成为国家级双创示范基地。

图 3-28　云上云大数据双创基地

万溪冲信息产业核心区 位于呈贡新城核心区东南，重点发展云计算与大数据相关产业，以及“互联网 +”、移动互联网、空间信息、软件开发等信息服务业。

宝相“互联网 + 大健康”产业园 位于呈贡新区雨花片区西南部，依托云南白药、昆明医科大学、云南中医学院等企业与高校资源，高度融合信息技术和大数据，助推云南白药制造业向现代制造业转型。

高校片区 位于吴家营、雨花街道，通过全面整合区内高等教育资源，充分发掘大学城蕴含的资源潜力，形成人才密集、知识密集、附加值高、低能耗、支撑并服务于经济、高技术的服务体系。

云上云小镇双创示范区 位于昆明呈贡信息产业园区大学城片区附近，其范围北至春融东路，南至景明南路，西至彩云南路，东至云岭路。主要以发展信息产业为突破口，包括云计算、人工智能、大数据应用和服务、智能硬件等，助推云南本土信息产业经济的升级。

图 3-29 呈贡信息化产业园区

（图片来源：云上云大数据双创基地）

第四节　通商惠工的金融商贸

金融是货币流通和信用活动以及与之相联系的经济活动的总称。金融服务是指金融机构运用货币交易手段融通有价物品，向金融活动参与者和顾客提供共同受益、获得满足的活动。其形式包括货币的发行、流通和回笼，贷款的发放和收回，存款的存入和提取，汇率的兑换等。按照世界贸易组织的规定，金融服务范围主要包括保险及其相关服务，还包括所有银行和其他金融服务机构（保险除外）。

活动

调查你家或你所在的学校附近有哪些金融机构。

表 3-3　金融机构调查记录表

调查人：		调查日期：　年　月　日
金融机构	所在位置	金融活动

探究

1. 向父母了解一下你家的金融活动有哪些，哪些金融机构对你家或你的家乡影响较大？请举例说明。

2. 根据调查和访谈结果及收集的有关资料，看看近十年来你家乡的金融服务业发生了哪些变化，并分析其影响。

一、呈贡的金融产业园区

昆明呈贡金融产业园区位于呈贡新区核心区，东至春融东路、和谐路，南至聚贤街，西至谊康北路、春融西路、谊康南路，北至祥和街。总用地面积 7 498.65 亩，净用地面积 3 227.55 亩。园区以金融为核心产业，以银行业、保险业、证券业等行业为重点，吸引国内外有实力的银行总部、非银行金融机构、大型企业总部进驻园区，目前已有中国银行、工商银行、农业银行等 13 家金融机构在此“落地生根”，这些金融机构对呈贡的经济发展作出了积极贡献。

图 3-30　呈贡金融产业园区的位置和范围

呈贡新区近年金融服务发展迅速，对内打造以高端软件服务（呈贡信息产业园区）、金融服务为主的总部经济产业（呈贡泛亚金融核心产业园区），积极提升文化金融服务、旅游金融服务和现代信息金融服务；对外将打造面向南亚、东南亚的国际金融后援服务中心。

图 3-31　呈贡金融产业园区的布局

入驻呈贡金融产业园区的昆明南站、亚广传媒、“七彩云南第一城”、上海东盟大厦、实力心城、惠景园等项目已建成并投入使用；滇池明珠广场、蓝光天娇城、涌鑫哈佛中心一期等一批项目完成建设；置信广场、大成金融商务中心等项目快速推进。引进内资 197.19 亿元，实际利用外资 43 500 万美元。

图 3-32　呈贡金融产业区入驻项目

二、呈贡金融贸易发展的区位条件

阅读

昆明市呈贡区人民政府工作报告（节选）

2017 年的工作安排：重视培育金融产业，牢牢抓住市委、市政府加快建设“一园两片”金融产业发展的机遇，加大政策支持力度，继续做好招商引资推介，完善园区体制机制，加大国际国内金融机构引进力度，鼓励发展楼宇经济和总部经济，加快推进区域性跨境人民币金融服务中心、跨境人民币投融资结算中心、货币交易中心、票据交易中心建设，努力把园区建设成为辐射南亚、东南亚的金融聚集区。完成金融产业投资 9 亿元。

商业贸易常常伴随着金融服务，金融服务源于商业贸易，同时也为商业贸易服务，金融服务是商业贸易最重要的表现形式之一。商业贸易与金融服务两者之间相互影响、相互促进。

（一）区位优势

呈贡地处滇池东岸，是昆明市政治、文教中心，是面向东南亚、南亚辐射中心的核心区和“一带一路”倡议的重要门户，是“八入滇、四出境”铁路大通道的枢纽中心，是滇中城市经济圈“中央处理器的核心”和一体化发展的新引擎。依托道路枢纽建设，呈贡将成为云南省“一带一路”建设中连接陆上丝绸之路和海上丝绸之路的交通核心。

（二）呈贡配套设施

“大交通”。

公路：呈贡区在运公交线路 62 条，营运车辆 452 辆。

地铁：已形成 1 号线、2 号线、3 号线和 6 号线地铁网，4 号线、5 号线在建，呈贡新区范围内有 11 个地铁站口。

高铁：主要高铁线路有沪昆高铁、京昆高铁、桂昆高铁，高铁开通后，州市到昆明的时间少则半小时，多则两三个小时，一些州市的商业、商务活动正在向呈贡集中。2017 年 12 月，呈贡正式发布《昆明市呈贡区高铁经济发展战略研究》，明确了“高铁时代”呈贡区未来的三个发展阶段的目标：近期（2016—2020 年），到 2020 年年底，实现高铁发展带来 30 亿～ 40 亿元的年税收；中期（2021—2030 年），到 2030 年年底，实现高铁发展带来 50 亿～ 65 亿元的年税收；远期（2030 年以后），呈贡将成为面向南亚、东南亚的区域性国际科技服务、信息服务、旅游集散、金融服务和总部集聚中心。

“大教育”。呈贡大学城集聚了九所大学，南片区有云南大学、云南广播电视大学；东片区有云南师范大学、昆明理工大学、云南交通职业技术学院、云南民族大学；西片区有昆明医学院、云南中医学院、云南艺术学院。有昆明市第三中学、中华小学、云大附中附小、师大附中附小等十余所中小学。呈贡的“大教育”将成为配套新区百万人口发展的优质教育体系。

“大数据”。呈贡信息产业园区是“一园三区”的开发格局，即高校区、宝相科学园区和万溪核心区。园区致力于建成辐射南亚、东南亚国际信息服务中心、国家信息产业示范基地、云南省云计算中心和大数据中心、云南省信息产业发展高地和核心园区、云南省实施“云上云”计划的核心基地。

“大生态”。2017 年 10 月，党的十九大报告首次提出乡村振兴战略，明确了“产业兴旺、生态宜居、乡风文明、治理有效、生活富裕”的总要求，这对呈贡生态环境的发展来说是一个绝好的机遇。呈贡集碧水、蓝天、绿树、鲜花于一体，融自然景观、建筑景观和历史人文景观于一体，让人很想留在这里生活、工作。近几年，呈贡秉持“生态优先”，全面实施生态产业体系建设，大力发展循环经济、低碳经济和绿色经济。

“大健康”。截至 2016 年年底，呈贡有昆明市中医院、昆明市中医附二院、昆明市妇幼保健院、云大医院等医疗机构 121 所。昆明浪潮云计算产业园、呈贡信息产业园、“云上云”云南省信息化中心等一批信息科技服务项目的推进，将对健康医疗大数据信息共享平台的搭建和健康医疗大数据研究中心的建立形成有力支撑。

知识链接

互联网金融是传统金融行业与互联网相结合的新兴领域。随着呈贡信息产业的发展，互联网对金融市场的影响已经越来越不容忽视。互联网金融具有以下特点：

1. 成本低。资金供求双方可以通过网络平台进行无中介、无成本、无垄断利润的交易。这样一来金融机构可以避免开设营业网点的资金投入和运营成本；同时，消费者可以在开放透明的平台上快速找到适合自己的金融产品，更加省时省力。

2. 效率高。互联网金融业务主要由计算机处理，操作流程完全标准化，客户不需要排队等候，业务处理速度更快，用户体验更好。

3. 覆盖广。互联网金融模式下，客户能够突破时间和地域的约束，在互联网上寻找需要的金融资源，金融服务更直接，客户基础更广泛。

4. 发展快。依托大数据和电子商务的发展，互联网金融得到了快速发展。

5. 管理弱。一是风控弱，互联网金融还不具备类似银行的风控、合规和清收机制，容易发生各类风险问题。二是监管弱，互联网金融在中国处于起步阶段，还没有监管和法律约束，存在诸多政策和法律风险。

6. 风险大。一是现阶段中国信用体系尚不完善，互联网金融的相关法律还有待配套；二是网络安全风险大。

研学活动：呈贡经济地标探寻

地标是指某地具有独特地理特色的建筑物或者自然物，游客或其他一般人可以通过看地标认出自己身在何方，有“北斗星”的作用，如摩天大楼、教堂、寺庙、雕像、灯塔、桥梁等都可作为。我们看待一个事物应该分成两个层面，一个是精神层面，一个是物质层面。所以能否成为“地标”，要看它是否具备以下三方面的功能：

首先，它一定是一个“时尚策源地”。

“地标”性项目对一个区域、一个城市的影响应该更多地表现在其对文化的影响上，它应该是一个“文化策源地”，要看它是否改变了城市的面貌，是否给区域带来了活力。建筑本身并不重要，重要的是建筑带给城市的改变。

其次，它应该是一个“约会中心”。

“地标”项目应该是人们进行各种活动首先想到的聚集地点、活动中心，这可以是其重要性的衡量标准。一个“地标”性项目应该能够满足人们商务、聚会、娱乐等各种活动的需求，而不是一个与大众相割裂，仅有漂亮外观的高层建筑。它应该是融合于城市之中并能够影响城市发展进程的、与时尚潮流相融合并能引领潮流的建筑。

最后，它应该是一个很好的“城市外景地”。

一个地标性项目可以成为一个区域、一个城市的标签，能够大量地出现在各类媒体以及影视作品里，成为这个城市的代表，是城市里的一道亮丽风景线。

你知道呈贡的地标有哪些吗？下面，我们列举三个地点，你选择一个，去实地体验，看看它们是否可以成为呈贡经济新地标。

活动一：体验呈贡快捷的交通

（一）活动目的

通过参观昆明南站，以及观察其周边地区的地铁站、公交车站、立交桥等交通站点、线，体验共享单车、地铁等现代化交通出行方式，感受呈贡新区交通建设成就，激发热爱家乡的情怀。

（二）参考资料

昆明南站是呈贡乃至云南的综合性交通枢纽。它以铁路客运为主，与地铁进行无缝连接，集公路客运、城市公交于一体，成为省会辐射各地州，西部地区辐射南亚、东南亚的重要综合交通枢纽。

图 3-33　昆明南站及其附近街区

（三）活动指南

1. 学习准备。列表比较各种交通工具的优缺点。

交通工具	优点	缺点	适宜的客运和货运举例
高铁			
火车			
汽车			
轮船			
共享汽车			
共享单车			
互联网 + 交通			

2. 设计上学路线。

要求：（1）设计出的线路应具有时间效益、经济效益和环保效益；（2）经过实践论证是最佳方案。

3. 参观昆明南站。

4. 汇报交流。通过图文并茂的表达形式，向同学们展示说明你观察到的呈贡交通现状，分析其未来发展走向及意义。

活动二：考察奥斯迪（昆明）电子商务产业园

（一）活动目标

1. 实地参观考察，探究影响奥斯迪电子商务产业园布局的区位因素，并分析其对当地社会经济发展的影响；

2. 借助互联网等手段，结合所学知识及考察过程中获得的具体内容，通过整合、表达的方式，提升获取、整理信息的能力，培养综合思维的能力与习惯；

3. 体验工业制造、农产品加工等行业的具体生产流程，学会用所学地理知识解释现实世界的地理现象，学会用辩证、发展的眼光看待地理事物，培养实事求是的科学态度、勇于探索的科学精神和敢于担当的社会责任。

（二）活动指南

活动阶段	教师任务	学生任务
准备	实地考察—规划路线—活动设计（如材料、交通工具等）—对接参观地人员—确认时间、地点等	与家长充分沟通；预习 / 复习农业区位因素，产业园选址区位因素等理论知识
自主实践	以小组为单位展开活动。注意：①参观过程中要听从工作人员安排；参观生产设备、生产线时远离危险区域，不能随意触碰设备；不经允许不能拍照。②小组长要高度负责，与带队教师保持联系，带领组员做好参观记录，礼貌访谈，关注和提醒安全事宜。③活动结束，带好自己的物品（包括产生的垃圾等），有序返程，注意安全，结伴而行	
展评交流反思提升	过程性评价和终结性评价制定	过程性评价和终结性评价实施

（三）参考资料

1. 研学目的地简介

（1）地址：云南省昆明市经开区新册创业园三期 M 区 21 栋 3 楼 301 号。

（2）产业园简介：

奥斯迪（昆明）电子商务产业园成立于 2014 年 3 月。园区位于昆明市新册创业园区内，是连接昆明主城区和呈贡新区的重要地段，园区区位优势明显，交通便利，园区的东边是广福路东延线、南边是南昆铁路、西边是呈黄快速路（连接昆玉、昆石、昆曲、昆武高速路）。园区总占地面积 1 000 多亩，总建筑面积达 100 多万平方米，总投资 28 亿元人民币，预计进驻商家及企业达上万家，园区 2015 年年初投入使用并正式运营，现入驻商户有 900 多户。

图 3-34　奥斯迪（昆明）电子商务产业园

园区以电商园为核心载体，形成纺织服装、“建材行业 + 电子商务”产业园区，是集电商营运中心、营运总部中心、纺织服装加工、贸易中心、物流配送中心、综合服务中心等一体化的电子商务产业园区。电商园致力于将自己打造成为云南省最具规模及影响力的电子商务产业基地，引导入驻的商家从单一传统营销模式转型升级为实体体验与电商结合的新型营销模式，引领云南省传统企业实现“互联网 +”的转型升级。2015 年，园区被授予“昆明市新型创业创新孵化服务园区”“昆明电子商务示范园区”称号；2016 年被授予“昆明市创业创新先行试点”称号。

2. 研学活动相关知识准备、材料和用品提示

（1）名词解释。

电子商务：以信息网络技术为手段，以商品交换为中心的商务活动。

电子商务产业园：以电子商务为发展主线，重点引进电子商务、信息软件、设

计开发、仓储物流等一系列围绕电商产业发展的企业，重点依托并持续优化电子商务产业链的专业园区。

（2）根据园区内产业类型、特点等对产业进行归类。

（3）研学材料及用品。

笔记本、笔、照相机、带有 GPS 功能的手机（安装有导航功能的电子地图）等材料，雨伞、水杯等生活用品。

3. 过程性评价和终结性评价量规（需由教师根据具体情况制定）

活动三：考察“七彩云南第壹城”

（一）活动目的

1. 阅读呈贡区地图，分析“七彩云南第壹城”的区位条件；实地观察、对比分析商务区的特征。

2. 实地考察售楼部的地块区位，根据户型图，结合区域大环境、小环境，分析该地住宅区设计的合理性，并尝试挑选适合的户型；观察该区绿化用地，结合所学，分析绿地的作用。

3. 观察走访商场内的商铺和顾客，总结该区的主要服务功能和特点；了解顾客的居住地和到此的交通方式、来店频率等，粗略估计“七彩云南第壹城”的服务范围，并绘制出示意图。

（二）活动指南

1. 活动准备

（1）组织准备：教师向学生介绍活动目标和内容，做好安全教育和活动预案，特别要做好突发事件应急预案。

（2）知识准备：学生应掌握城市功能区相关知识。搜集“七彩云南第壹城”的文字、地图等资料，了解“七彩云南第壹城”概况，并根据活动目标设计活动路线及考察点。

（3）工具准备：呈贡和“七彩云南第壹城”相关地图、手机 、记录工具等。

2. 分组

根据学生意愿、结合考虑组员结构，将参与活动的学生划分为商铺调查组、顾客访谈组、楼盘调查组和功能分区调查组。由组长组织，明确本组考察目标、成员分工（包括摄影、撰写、绘图）、室内准备、实地调查、现场讨论、作业检查等工作方案等各项要求。各组可参考下列表格进行实地的调查、记录。

表 3-4　商铺调查访谈表

商铺名称	提供的服务	服务类型	顾客数量

表 3-5　顾客调查访谈表

序号	目的	出行方式	居住地	来店频率

表 3-6　商圈楼盘调查分析表

类别	位置	价格	影响因素

表 3-7　功能分区调查分析表

功能分区	分布位置	作用与功能

3. 评价

预留足够的时间让学生充分整理、查阅、求证，在形成一套较为完整的思路和结论后，进行小组汇报展示，教师及时给予相应的评价和总结。

CHAPTER 4

第四章

美丽家园

“七彩云南第壹城”——实力新城

中央公园一角

你看腻了、待够了的故乡，也许正是别人向往的他乡。当你去了不同的地方，看过不同的风景，你会发现最让你难以割舍的，还是那个熟悉的、山清水秀的故乡。

第一节　从文化发现呈贡

呈贡文化将中原文化与民族文化、传统文化与现代文明、民间技艺与学城教育相交融。从史到今，从传统到现代，共同助推着呈贡这一座现代城市文化的繁荣。

呈贡有怎样独特的区域文化？这些文化要素与地理环境之间有怎样的关系？本节我们将从文化视角发现呈贡，从过去看见未来！

一、文化与地域文化

文化是人类活动的产物，形成于一定的地域之中，地理环境是文化形成的物质基础；地域的范围在一定程度上影响着区内文化的形成。一般将文化分为物质文化、精神文化和制度文化。

地域文化是指特定区域源远流长、独具特色，传承至今仍发挥作用的文化传统，是特定区域的生态、民俗、传统、习惯等的文明表现。在一定的地域范围内与环境相融合，因而打上地域的烙印，具有独特性。

地域文化中的“文化”可以是单一要素的，也可以是多要素的。可以是物质要素的，如建筑、服饰、艺术作品等，也可以是非物质要素的，如价值观、生活习惯、制度等。

二、呈贡地域文化

（一）饮食文化

活动

试着为心目中的呈贡区设计 2～3 张文化名片，并说明理由。

花美菜香梨中宝珠，山清水秀呈祥贡瑞。呈贡地处滇池之滨，属于低纬度高原平坝地区，地势平缓、雨热同期、气候温和、土壤肥沃，特定的光、热、水、土、气等自然要素的组合，造就了呈贡悠久的农业文明，有“鱼米之乡”“绿金坝”“花果山”“七彩田”“美食乡”的美誉。

1. 一颗梨的传奇

“梨花淡白柳深青，柳絮飞时花满城。”呈贡万溪冲隶属吴家营街道，背靠滇中名山——梁王山，南与呈贡新城紧紧相连，地处半山区的万亩梨花处。

图 4-1　呈贡万溪冲万亩梨花

果中君子，滇中梨王

果圆硕大，一颗一般重 200 ～ 330 克，大者达 500 克，果大、皮薄、质嫩、汁多、味清香，食后无渣。前人诗云“梨王金线鱼，乳扇大头菜，宣腿与普茶，朵颐咸称快”，其中珠宝梨居昆明“六种美味”之首。

阅读

宝珠梨的传说

古时候，呈贡山间并无宝珠梨，山间的野梨树结出的果子小、汁少、又苦又涩。

元朝，大理鸡足山的宝月和尚与呈贡伽宗城大佛寺的莲珠和尚讲经时，无意中发现呈贡的蜜梨色味和大理雪梨相似，但口感粗糙。他认为大理雪梨耐旱耐贫瘠，更适合在这里生长。第二年，他从大理鸡足山的寺院苗圃里精选16棵雪梨幼苗带至呈贡，移栽在大佛寺。在莲珠和尚的精心呵护下，16棵雪梨在呈贡“生根落户”。经过多年的培育，由于土质、气候的不同，栽培出的水果和原产地明显不同，个大皮薄味甜。此后，在梁王山西麓的山区都栽上了雪梨幼苗，为纪念宝月和尚和莲珠和尚，人们称此梨为宝珠梨。

2. 餐桌上的花朵

昆明斗南濒临滇池东岸，享有“金斗南”之称，现已发展为中国乃至亚洲最大的鲜切花交易市场，是著名的“花都”。鲜花除供观赏外，还是餐桌上的时兴菜肴。

图 4-2　斗南花卉市场

图 4-3　云大炸鲜花

图 4-4　捞鱼河公园的鲜花

图 4-5　鲜花饼

3. 吃货眼中的呈贡

人回忆里的美好，往往偏向于特定的事物。就像呈贡美食的味道，虽消逝在时间的过往中，却牵绊了你一生。

在呈贡农村，凡遇婚丧嫁娶、添丁进口、起房盖屋等红白喜事都要宴请客人，办“八大碗”。所谓“八大碗”，是农村中汉族的八种传统食品的总称。

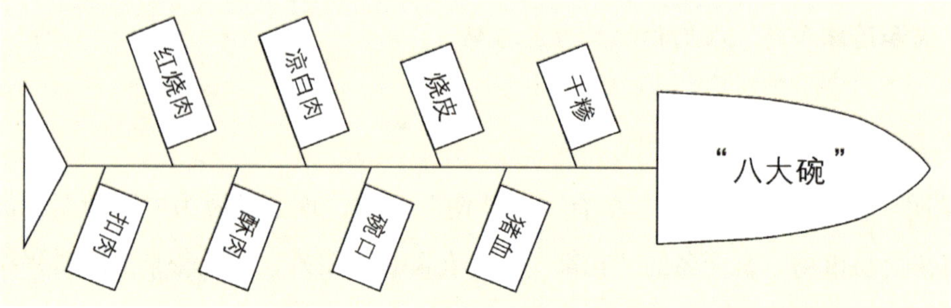

图 4-6　呈贡汉族客事的“八大碗”

知识链接

“八大碗”原指家宴或酒席的规格，因为传统家宴与酒席大都只有八样菜肴，所以被称为“八大碗”，如要再丰盛一点就是加四个小碗菜，称为“八大四小”。“八大”，荤素搭配，香气扑鼻，十分可口。“四小”，多是花生之类的下酒菜和开胃下饭的咸菜。

图 4-7　呈贡美食分布示意图

（二）技艺文化

民间艺术具有民族性和区域性，是非物质文化的载体。历史上，呈贡素有“滇剧场”“花灯窝子”之称，呈贡汉绣等已认定的各项非物质文化遗产，其文化价值和艺术价值都是无法代替的。

1. 针线里的生活

刺绣是民间传统手工技艺之一，呈贡汉族刺绣是一项历史悠久且实用性、观赏性较高的传统工艺，源于自然与劳动，融于生产和生活。自然界里的花鸟虫鱼、飞禽走兽，经过绣娘的精心构思和巧妙布局，成为鲜艳夺目、形象传神且具有呈贡特色和民族特色的图案，体现了人们的自然审美观念和对幸福生活的向往。

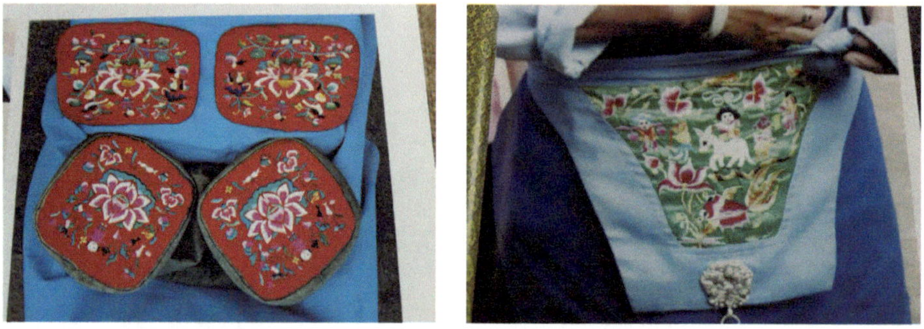

图 4-8　呈贡绣品（左：呈贡汉绣枕套，右：马金铺农妇的花围腰）

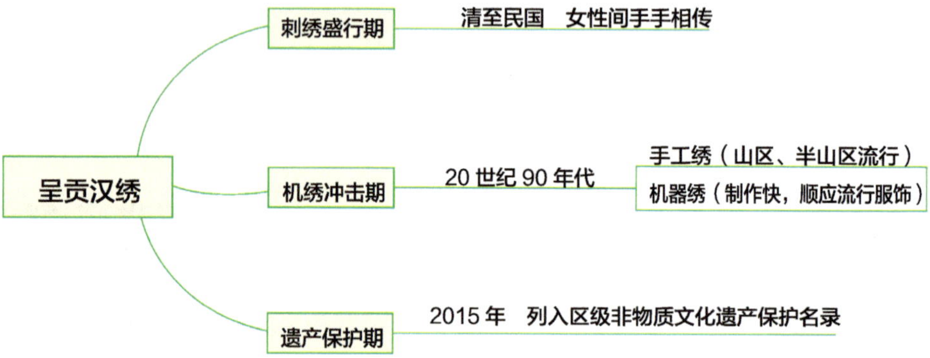

图 4-9　呈贡汉绣发展简历

2. 龙街上的绣花鞋

龙街集市贸易有着久远的历史，明、清以来，逢辰日开集集市因此得名；清咸丰以后逢属龙、属狗的日子赶集；现为阳历逢三、八集市。呈贡人赶集的时间由从前的每 12 天 1 次（按地支，即 12 生肖的顺序排定）到每 6 天 1 次（辰日、戌日赶集），到现在的每 5 天 1 次（逢三日、八日赶集），说明商品经济日渐发展，人们的消费需求日益增长。如今集市上的商品琳琅满目，但最有味道和特色的还是那些花花绿绿的绣花鞋。

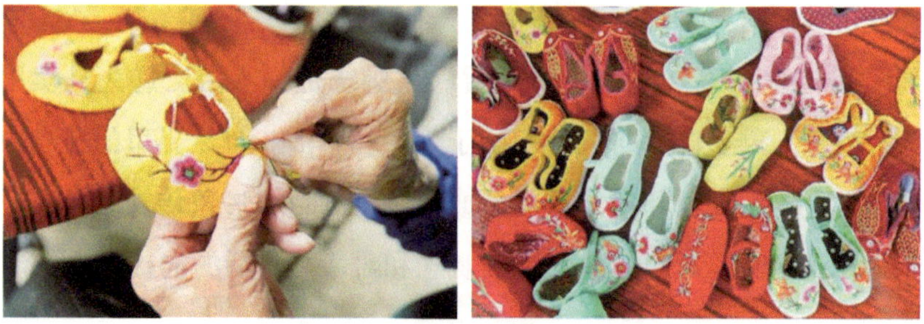

图 4-10　刺绣祖母手里的绣花鞋

知识链接

做双绣花鞋

鞋帮制作 → 鞋底制作 → 缝合加工

- 鞋帮制作：选布料、做格布、下鞋帮样、剪花样、叠后跟，滚口
- 鞋底制作：下鞋底样、假毛布底制作、毛布底制作
- 缝合加工：缝合、胶粘、晾干

3. 非物质文化遗产

在漫长的历史进程中，呈贡原有的滇族（彝族）和明洪武十四年（1381 年）后移居而来的汉族相互交融发展，在历史积淀和地域特色的作用下，以特有的精神价值、思维方式和文化意识，创造出来流传至今的呈贡花灯、滇戏、龙舞和蹦脚舞。

表 4–1　呈贡已被认定的非物质文化遗产

省级	呈贡花灯	菱角编织	民间剪纸	音乐《大河涨水沙浪沙》		
市级	板凳龙舞	小独龙舞	棒鼓舞	呈贡滇戏	山歌剧	呈贡瓦猫

图 4–11　呈贡部分非物质文化遗产

（1）呈贡花灯

呈贡花灯历史悠久，在云南花灯七大支系中影响较大、独具特色。曲调以明清时期江南时尚小曲和吴歌与滇池地区歌舞、小调融合而成，具有典雅、抒情、多变的特点。在中华人民共和国成立前，呈贡花灯在各村都有分布，“呈贡 60 村，村村有花灯”，因此呈贡又被称为“花灯之乡”。

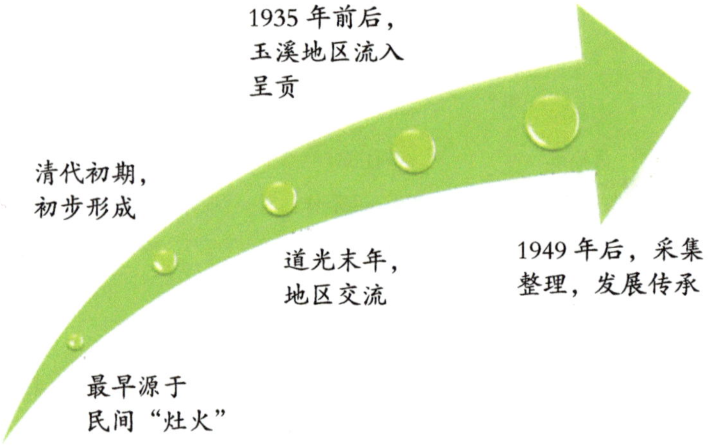

图 4-12　呈贡花灯发展历程

（2）菱角编织

菱角是草编织品，内容丰富，装饰性强，做工精巧，大方、新奇、鲜艳，具有独特的观赏效果。主要产地在上乐村，以光亮、细腻、韧性好的大麦秆为原材料，历经选秆、去节、浸泡、成片、编织、煮染、风干、串线等 13 道工艺才可以制作完成。

图 4-13　菱角编织品

（3）民间剪纸

剪纸是人们在长期生活和生产劳动过程中创造的产物，体现了呈贡人在生活艺术中的智慧以及对美好生活的追求。

剪纸在呈贡主要分布在马金铺、大渔、七甸、龙街等地，有字、花草、动物、人物等样式，以夸张的形式将生活与剪纸结合，体现物象特征，也达到了装饰的目的。

图 4-14　呈贡民间剪纸

知识链接

音乐《大河涨水沙浪沙》

部分歌词：

大河涨水沙浪沙，一对鲤鱼一对虾，
只见鲤鱼来戏水，不见小妹来采花。

《大河涨水沙浪沙》的曲调属于昆明小调中的呈贡小调。原发地为呈贡，多在山野田间歌唱，旋律优美动听，反映了滇池东岸人对爱情生活的热爱和追求。

（三）地名文化

地名是人们赋予某一特定空间位置上自然或人文地理实体的专有名称（华林甫，1999）。地名的形成和发展与地理、历史、政治、经济、军事、交通、民族、文化、风俗等因素有密切的关系，具有丰富的文化内涵。

“呈贡”是彝语“扯过”“柴谷”的谐音，“扯”“柴”为稻谷，“过”“谷”为海湾、坝子，意为“盛产水稻的海湾（坝子）”。滇池地区的古代先民，在魏晋时期统称乌蛮（以今彝族为主），因此在呈贡有众多彝语谐音命名的地名。彝语地名表达的地理景观直接明了，多为农业生产的景象，如牧羊、秧田、稻谷等。

表 4-2　呈贡部分地区“彝语”地名文化景观

地名	彝语含义	地名	彝语含义
大洛羊	牧羊的坝子	练朋尾	秧田坝子
新册	小河边上的村庄	斗南	向阳的坝子
七甸	羊多的山间坝子	上乐村	树木多的大村庄
麻莪村	兵驻的村庄	七步场	盛产稻谷的村庄
西波村	住有端公先生的村庄	乌龙浦	渔浦

表 4-3　呈贡彝语地名及对应彝语

地名	彝语
大洛羊	羊洛
新册	西茶
七甸	雌甸
上乐村	他拉误
七步场	渠卜场

表 4-4　呈贡部分地区“军屯”地名文化景观

地名	时期	来源	地名	时期	来源
小王家营	明洪武十九年（1386 年）	首领姓王	小营	明洪武十九年（1386 年）	人数少
吴家营		首领姓吴	回回营		回族聚居
大王家营		首领姓王	柏枝营		柏树甚多
刘家营		首领姓刘	前卫营		前卫兵营驻地
郎家营		首领姓郎	庄子	明洪武十五年（1382 年）	勋庄上庄所在地
郑家营		首领姓郑	左卫		左卫兵营驻地
缪家营		首领姓缪	中卫		中卫兵营驻地
段家营		首领姓段	马金铺	元、明	骑兵驻地
大张溪营		首领姓张	马寨子		牧养军马
倪家营		首领姓倪	马郎村	元	牧养军马
大营		屯营较大			

表 4-5　呈贡部分地区“地物”地名文化景观

地名	地物	地名	地物
小龙潭	小龙潭	拖磨山	拖磨山
大龙潭	大龙潭	土瓜塘	野生山土瓜较多
白龙潭	白龙潭	松茂	繁茂的松林
水塘	水塘（积水沼泽）	松子园	盛产松子
大水塘	一个较大的水塘	三十亩	原有三十亩水田
水海子	沼泽（当地人称为“水海子”）	松花铺	松花寺
干坝塘	不能蓄水的坝塘	雨花	原名花枝绿，昔日为果园，初春时节果花盛开，雨水过后，花枝变绿

表 4-6 呈贡部分地区“地形”地名文化景观

地名	地形	地名	地形
大冲	山谷	汤池凹	山凹
山冲		黑蚂凹	
万溪冲		白土凹	
横冲		太阳沟	山沟
赵家冲		大坡	山坡
野竹箐		风口	垭口
秋木箐			

探究

任选一个表格，说出几个你熟悉的呈贡地名，并分析它们名字的来源。

（四）历史文化

1. 碑刻里的旧时光

距今约 3 万年前，在龙潭山一带生活着“晚期智人”（称“龙潭山人”）。龙潭山在大渔街道月角村东南约 2.5 千米处，通过对留存的牙齿化石、炭屑灰烬等的鉴定，发现其日常用火，营集体生活，集体从事狩猎采集活动，已进入氏族公社生活阶段。

图 4-15 沐详神道碑

明洪武十四年（1381 年），明军征伐云南，设立云南都指挥司、布政使司和提刑按察使司。洪武十九年（1386 年），沐英根据明太祖朱元璋“寓兵于农”的原则，正式向朝廷提出在云南全面屯田的报告，受到朱元璋的高度肯定和赞扬。沐英十三代统治云南279年，屯军是世袭的，官兵的子弟叫“舍丁”，家属则叫“军余”，舍丁长大了又成了屯军，军屯点多以首领姓氏命名。据《明史·兵志》和现有碑刻资料记载，在今呈贡境内，有以卫所军防机构形式出现的军中村名，如左卫、中卫、前卫等；以军屯将领姓氏出现的村名，如吴家营、郎家营、缪家营、王家营等；还有以军屯地区大小出现的村名，如大营、小营等。

沐详神道碑，俗称乌龟碑，乌龟其实是“赑屃”，龙的九子之一，用在墓葬上代表墓主人身份高贵，在王家营东约500米处。沐详为明黔宁昭靖王的五世孙。沐详神道碑是王家营明代沐氏墓群地面唯一保存至今的标志性文物。

碑刻作为呈贡早期信息传播记载的媒介，用以铭记功德、记载历史事件、确定乡约民规等，起到记事存史的作用，具有史料价值和书法价值，呈贡碑刻历经风雨仍屹立不倒，发挥着记录历史、教化乡民的作用。

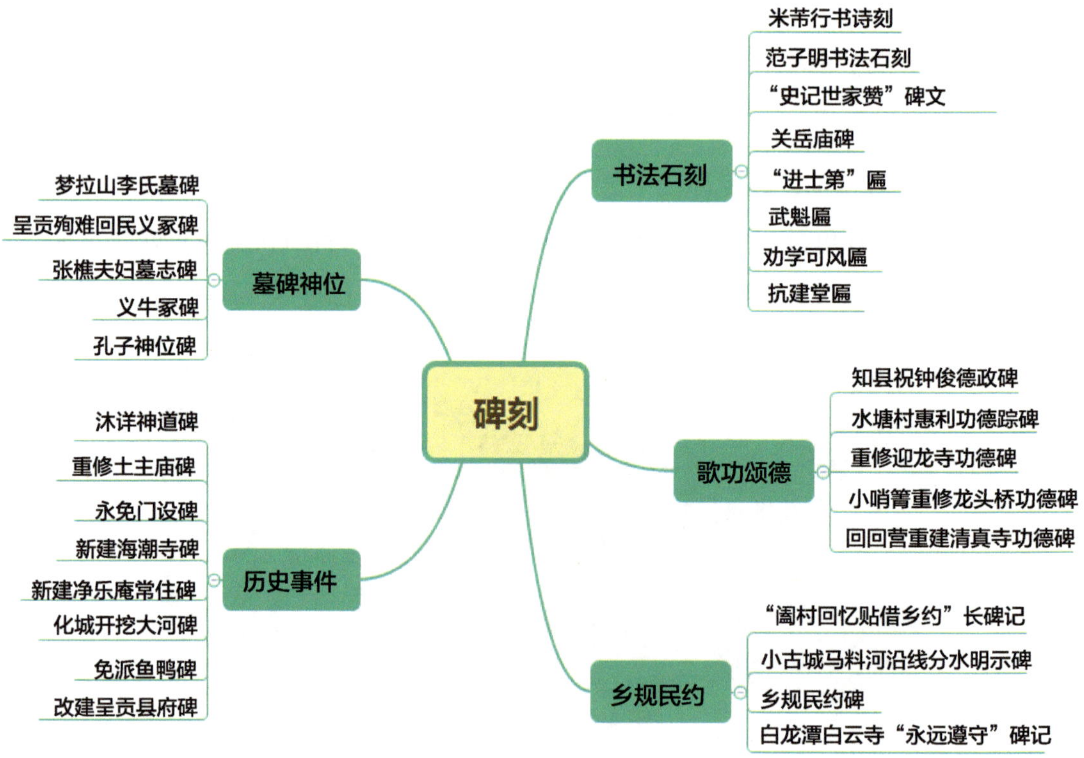

图4-16 呈贡碑刻

2. 地标中的新时代

活动

呈贡地标建筑小调查

内容：

1. 查阅资料，整理呈贡地标及其形成原因。
2. 实地考察，完成地标景观摄影。
3. 绘制地图，展现呈贡地标建筑分布。
4. 热情宣传，讴歌呈贡新时代巨变。（利用丰富多样的资料，采取多样的方式方法，如人工制作手抄报、宣传展板，或演讲、文艺演出等。）

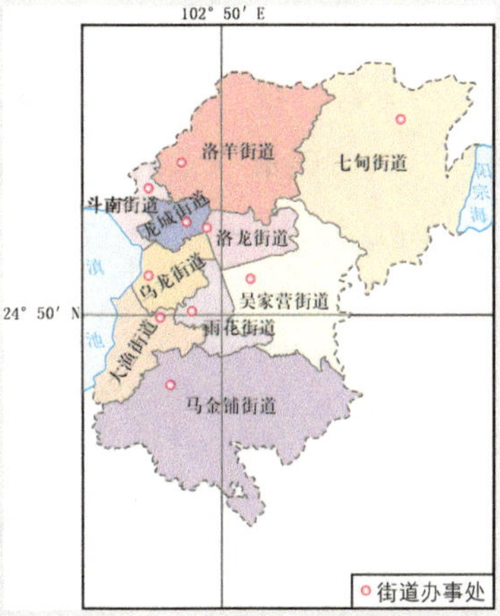

图 4–17　呈贡街道办事处分布

地标：在空间上具有一定标识作用的事物。在物质实体方面，有特殊地貌、建筑空间结构、非固定事物（气候、声音、味道等）。一座座拔地而起的新兴地标建筑，向众人揭示着呈贡的崛起与未来。

三、呈贡地域文化特征

呈贡的地域文化与其地理要素有关，表现出自然和人文现象的整体性、差异性和开放性。

（一）整体性

区域内文化要素与各地理要素间相互作用、相互影响，构成一个统一的整体。

从地名的命名来看，自然地物的地名体现了地物的特征和人们对地物特征的理解。呈贡处亚热带季风气候区，且地形平坦。历史文献资料及众多的古遗迹显示，现在低洼的陆地早期基本是水域及沼泽，这样的环境很适合野生水稻的生长，这样的地理空间对于人类而言，最吸引人的无疑是“坝子”中生长的水稻，故地方少数民族将其命名为“扯过”。例如，呈贡的“烧人山”，主要是呈贡的坟山，烧人——火化，这一功能，让人印象很深。

活动

呈贡，是彝语“扯过”“柴谷”的谐音，“扯、柴”为稻谷，“过、谷”为海湾、坝子，意为“盛产水稻的海湾（坝子）”。

回顾第一章的自然地理条件，完成下面的流程图，体会地域文化的整体性。

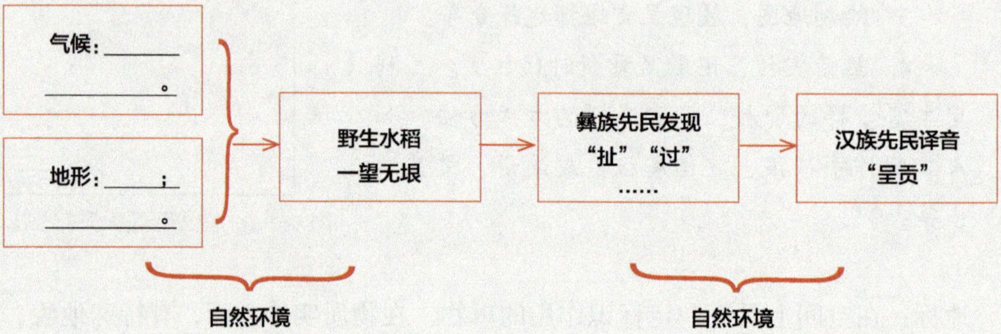

从居民聚居区的命名来看，村名与明初的军屯、民屯有很大的关联，如营、屯、所，地名的命名与政治、军事联系较大；道路的命名早期一般以道路连接两端的地点来命名，新城的道路则部分采用历史事件来命名，如惠通、联大、驼峰等。而商业设施、地产的命名，多为招揽顾客、商户、业主等，多以华丽、寓意吉祥的辞藻来命名，但缺少历史内涵，缺乏地方特色，如雨花毓秀、书香大地、滇池明珠等。

从饮食文化来看，人们的饮食材料、口味、制作方法等也与其他要素存在广泛的关联，如吴家营的豌豆粉，之所以出名与吴家营早期作为周边地区的商业中心不无关系，豌豆粉容易颠碎，不耐运输，所以用来卖的豌豆粉，基本只能在集市周边制作。后来为吸引、适应更多消费者，在口味和制作工艺上也更为讲究，因此名声大噪。

从曲艺文化来看，呈贡的“花灯”既继承了明清时期来自江南移民的小曲，又融合了滇池地区少数民族的歌舞小调，且受到了周边地区玉溪花灯的影响。

所以，呈贡地域文化的形成受到了多要素、多地域的影响，故呈贡的文化面貌是受各文化环境要素相互影响形成的，而不是孤立地发展起来的。

（二）差异性

自然和人文现象在空间分布上的差异性，是地球表层最显著的特点之一。呈贡区域内部各地方文化也存在差异性。

活动

1. 图 4-18 为呈贡特色美食分布图，据此判断呈贡的地势和农业生产特征。

图 4-18　呈贡美食分布图

2. 观察对照以下两幅图，说出地名与地形的关系。

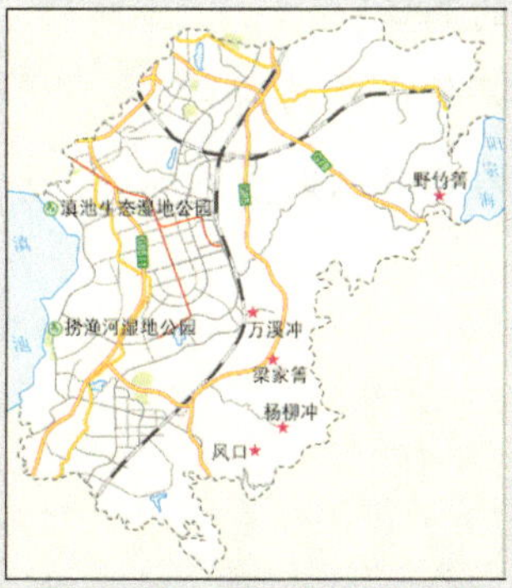

图 4-19　呈贡地名分布图

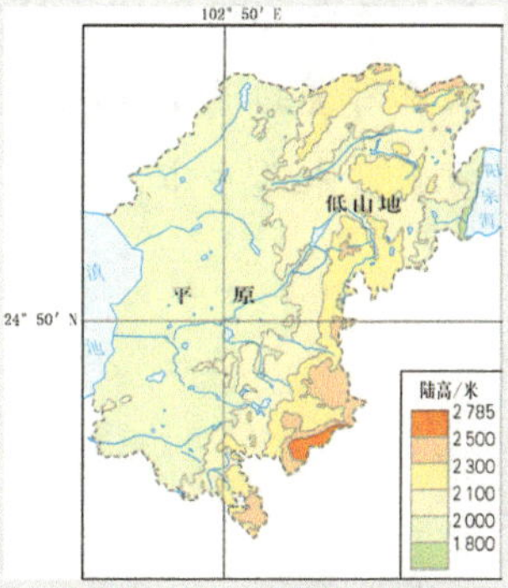

图 4-20　呈贡地形图

（三）开放性

呈贡并不是孤立存在的，而是与其他区域有着政治、经济、交通、文化等紧密的联系，并呈现出开放性的特征。

阅读

打开“呈”门，“贡”襄盛举

高铁时代、五大产业园区、学城、新区等名词，无不说明呈贡区日新月异的发展变化，这座被“富养”的城池正在变得炙手可热。

湖光山色，满“呈”皆翠。环境优良，移步成景。灯初上，夜未央，最美校园、政商大道、新城之治，这里的一切都显得那么生机勃勃！得天独厚的地理优势，便利快捷的交通优势和充满生机的经济优势使得呈贡的政治、经济、文化呈现出巨大的开放性和包容性。

呈贡前区委书记周峰越于2014年4月3日在呈贡新城发展价值高峰论坛上所说的四句话是：

昨天的浦东就是今天的呈贡，今天的浦东就是未来的呈贡；

呈贡新区是你投资的洼地，是你事业的高峰；

人人都看懂的不是商机，呈贡新区就是你最好的商机；

呈贡新区永远牛市，没有熊市，关键看你什么时候入市。

活动

传承人的思考

菱角制作技艺，所需材料虽然简单，但做工复杂，费时耗力，而且染色工艺难掌握。20世纪90年代后，随着农村产业结构的调整，蔬菜、花卉的种植取代粮食作物种植，昆明周边已没人再种植大麦。并且因大量优质、廉价的手工艺品的涌入，传统菱角饰品基本失去了市场竞争力。

那么，作为传承人的你有何好想法破解这样的局面呢？

第二节　山清水秀是呈贡

呈贡，自然景观秀丽，人文景观多样，文化底蕴深厚，旅游资源丰富。呈贡区有 20 多个旅游景点，境内气候宜人，物产丰富，自古有“绿坝子”“花果山”“七彩田”“美食乡”之称，是闻名遐迩的“菜花果之乡”和“宝珠梨的故乡”，享有“中国花卉第一城”的美誉。

图 4-21　呈贡主要旅游景点分布图

瑰丽的人文历史也是呈贡不可忽略的部分，龙潭山“昆明人”遗址是 3 万年前人类繁衍生息的见证；天子庙古墓群出土的青铜器，展示了两千多年前古滇文明的繁荣发达；梁王山的军事教场遗址，看尽了“一山三海”的世事变幻；抗战时期，冰心、费孝通、沈从文等文人、学者荟萃呈贡。

浓郁的民俗风情传承至今，板凳龙、秧老鼓、花灯歌舞享誉云南，农民执笔作画非同寻常，“滇戏窝子”“中国民间文化艺术之乡”“全国民间绘画之乡”名不虚传。

在呈贡赏尽湖光山色，聆听渔舟唱晚，阅遍旧屋故居，理想的游览胜地，就是这里！

一、呈贡旅游资源评价

在大自然和人类历史发展过程中，大自然赋予了呈贡丰富的旅游资源。从呈贡的自然环境来看，景观多样化，有海拔 2 800 米以上的“滇中第一峰”——梁王山；最东边是阳宗海，最西边是滇池，都是云南省著名的高原湖泊，此外还有若干水库；环湖沿岸是生态保护区，随着生态建设的推进，各个湿地公园逐渐成型，环境优美，是养生、休闲的好去处。呈贡滇池边，可以北望主城、南观晋宁、西眺西山，顿生“五百里滇池奔来眼底，喜茫茫空阔无边”之感。

从人文旅游资源来看，呈贡的历史遗迹、高校、商业中心和新兴产业园区、花果蔬菜种植园、农家乐等比比皆是。从史前文明到近现代，呈贡的历史遗迹不胜枚举，而且记录了云南省很多重大历史事件，具有很高的历史文化价值。呈贡“昆明人”遗址，在距呈贡市级行政中心 10 千米范围内，就全国来讲，除昆明外，仅有北京、南京这样的大城市有古人类遗址，从世界来看，仅有罗马等大城市周边具有如此珍贵的人类遗址。

呈贡天子庙战国时期的古墓群是云南省记录古滇国文化的几个遗址之一，且证明了呈贡一带是当时古滇国的核心地带；梁王山、沐氏家族古墓群是元、明更迭时期汉族移民入滇屯田的重要历史见证；乌龙铺国军机场、三台山冰心默庐等记录了抗战时期自强不息、同仇敌忾的抗战史诗和波浪壮阔的西南大撤退；斗南花卉交易市场是亚洲最大的花卉交易市场，在全世界赫赫有名；果园采摘农业为都市居民提供了假日赏花摘果、悠游度日的好去处。众多大学景色秀丽，名家大师云集，图书馆、博物馆、校史馆应接不暇，专业门类齐全，是青年人职业生涯规划教育的理想基地，是成年人怀念青春、追忆往事的故园旧地。

活动

1. 你去过呈贡的哪些旅游景点？向同学们做简要介绍。

2. 深厚的文化底蕴孕育了灿烂的非物质文化遗产，传承中国传统文化是我们每个公民应尽的责任和义务。剪纸、板凳龙、花灯歌舞、民间绘画等技艺是先辈们留给我们的珍贵财富。请选择其中一种进行学习，并向伙伴们展示你的学习成果。

二、呈贡旅游资源开发条件评价

旅游业是永不衰落的“朝阳产业”，中国自古就有“读万卷书，行万里路”的说法，旅游可以放松身心，陶冶情操，增长见识，提高人的文化、审美修养。所以不管在物质匮乏的年代，还是在生活富足的今天，人们始终向往着“诗和远方”。“仓廪实，而知礼节”，今天的人们在物质生活得到较大满足的基础上，更加追求精神生活的富足，旅游成为人们日常消费需求。加之绿色发展的理念逐渐深入人心，地方经济发展也将逐步向低碳经济转变，而旅游业正是一个低排放、低消耗、高回报的产业，所以受到各级政府的支持。

但旅游业的开发并不是盲目的，而是应该具有一定的发展基础，否则可能导致盲目开发、重复建设、恶性竞争、生态破坏、浪费资源等问题。开发旅游业，首先，区域本身应具有良好的旅游资源。在这一点，呈贡的条件是毋庸置疑的，但云南省旅游资源丰富，著名景点众多，相比知名旅游胜地（如大理、丽江、香格里拉、腾冲、西双版纳等）呈贡则名气很小，所以在开发旅游业的过程中，呈贡需要抓住进入云南首站的先机优势，打造几张亮丽的“旅游名片”，吸引游客短期旅游。其次，开发旅游业需要有庞大的游客客源地，以支持旅游业的稳定发展。昆明市作为云南省省会城市，拥有近 700 万城区人口，大学城拥有近 15 万名青年学生，主要都是活跃的客源，应该利用好周末和短期节假日，根据游客的消费层次，设计合适的旅游产品。交通条件制约着人们的旅游意愿，昆明高铁南站联通全国高铁网，每年人流量接近 2 000 万人次，这一便捷的综合交通枢纽，是出入省最重要的通道，应充分利用好这一平台，加大对呈贡的宣传力度，提高知名度；地铁 1 号线实现了新区与主城的高速对接，两区之间来往便捷，城市公路四通八达，区域联系基本实现了快速、无缝对接，所以目前呈贡旅游规划的短期目标主要还是要考虑周边地区的客源需求。

考虑到周边游客短期旅游的需求，在旅游设施建设中，应加大对停车场、公共卫生间等服务设施的建设。针对旅游资源的空间分布较零散这一现实问题，在建设博物馆、文化馆、文化广场等设施时，应着重考虑集中布局，以兼顾短期游客的游览时间和旅游体验。大学城是呈贡的重要特色资源，云南知名高校基本集中在呈贡，每年都会吸纳大量本省学生在此就读，因此可结合“研学热点”“高中生职业生涯规划教育”的内容，探索针对省内中小学生“研学”相关的旅游品牌，以扩大在省内的影响。

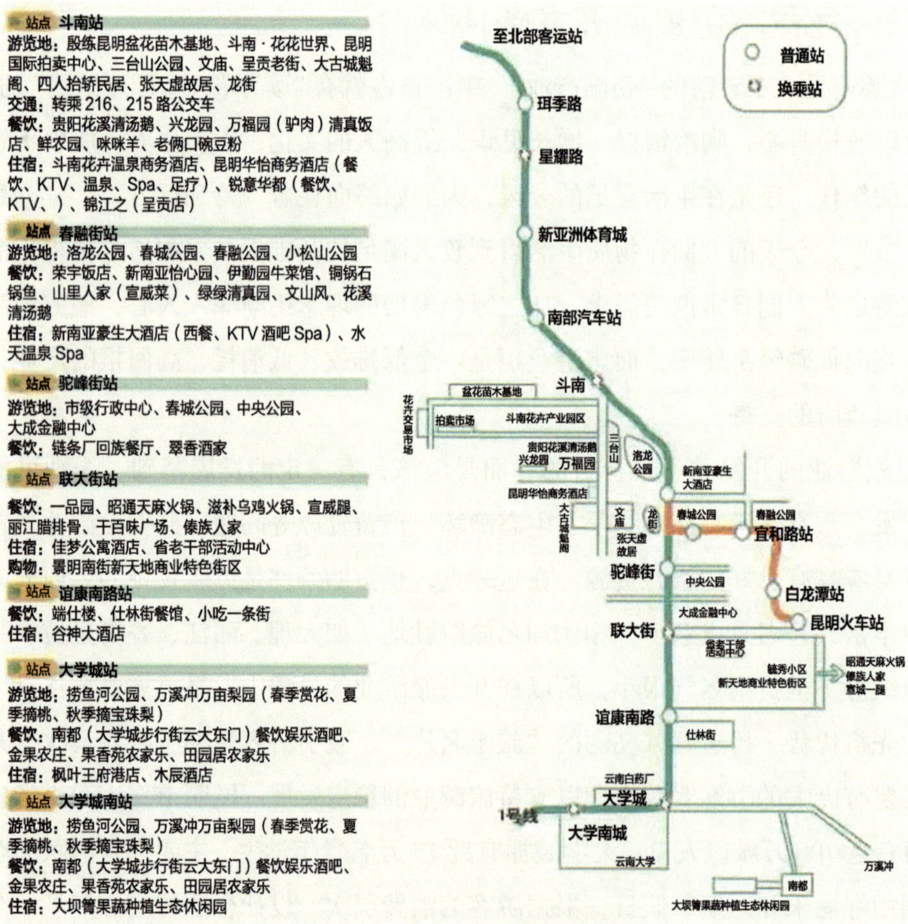

图 4-22 地铁 1 号线呈贡旅游要素推荐

活动

近年来，呈贡作为现代新昆明的鲜花之城、山水之城、文化之城、生态之城，以绽放的姿态迎接国内外游客，以多元化的旅游资源让游客深度体验春城花都的魅力。借助创建省级旅游示范区的契机，还将依托高铁站、斗南码头、地铁、昆玉高速等交通枢纽，进一步激活花海世界、万溪冲、三台山等人文资源，打造昆明乃至云南具备后发优势的新兴旅游目的地和旅游集散地，打造云南旅游新地标。

设计：呈贡一日游方案

1. 分组：4 人一组，为特定旅游人群设计一日游方案。

2. 过程建议：假设游客身份—查阅相关资料—访谈论证或实地考察—设计制作包括旅游路线图的方案—撰写导游词。

探究

图 4-23 是 2015—2017 年呈贡区旅游收入统计，请结合呈贡区自然、社会经济条件，分析呈贡区旅游收入不断提升的原因。

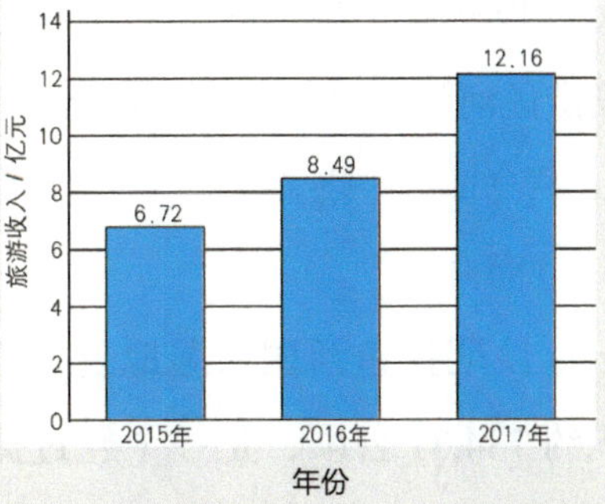

图 4-23 呈贡区 2015—2017 年旅游收入

研学活动：寻找家乡美

去了不同的地方，看过不同的风景，有了不同的文化体验，让人最留恋的还是家乡的大美湿地、名人故居，你认为家乡呈贡最美的是什么呢？下面我们列举了呈贡的捞鱼河湿地、冰心默庐、斗南花卉交易市场，请你自主选择一处，体验家乡之美，感悟美之由来吧。

活动一：保护生态与美化环境共筑的湿地体验

（一）活动目的

1. 到访中央公园滇池端段，考察保护滇池之措施；

2. 到访捞鱼河湿地公园，观察湿地景观、研究湿地作用、理解建设目的，感受体验呈贡湿地之美。

（二）活动指南

1. 学习准备。查阅资料，了解滇池治理相关措施；了解湿地的概念、分类及功能；了解滇池周边湿地的变化情况。

2. 绘制自己的中央公园滇池端段、捞鱼河游览路线图。

3. 游览参观中央公园或捞鱼河湿地公园。

4. 汇报交流。制作图文并茂的汇报材料，向同学们展示并说明你体验到的中央公园或捞鱼河湿地公园能发挥的环保功能。

（三）参考资料

1. 地点介绍

云南昆明捞鱼河国家湿地公园位于云南省昆明滇池国家旅游度假区环湖东路，总面积约 734.31 公顷，是一个经过提升改造，兼顾生态与景观功能的湿地公园。近年来，随着滇池生态修复工程的不断推进，捞鱼河湿地已成为滇池湖滨生态的绿色屏障，是市民周末休闲的好去处。

距今约 1 200 万年前，一片水域逐渐稳定，形成了湖泊。距今约 3 万年前，这片湖泊逐渐形成了人类聚集地。在约 400 年前，这里孕育出轰动中外的古滇文化，这片水域叫作滇池，是滇池孕育了昆明。那么是谁在守护滇池呢？湿地因可调节生态、庇护生物多样性，被称为“地球之肾”。滇池周边的众多湿地构成了“滇池之肾”。滇池东岸的滇池国家旅游度假区大渔片区，入滇池河流捞鱼河、滇池湖滨生态林带、湖滨带沼泽以及部分滇池水体组成占地 800 亩、湿地率 78% 的捞鱼河湿地，正是捞鱼河入湖口的守卫者。40 年前，昆明一代人曾怀着美好心愿开展围湖造田运动，让这些古老的“守卫者”隐去，失去守护的滇池与人们渐行渐远，幡然醒悟的昆明重新呼唤起湿地的回归。随着 2014 年“四退三还”工作的开展，2015 年捞鱼河湿地率先归来。现今捞鱼河湿地公园成为我国一流的环境保护型生态湿地，得到科学的规划与建设。三片分区平衡自然保护、游人休憩、便捷服务，两条绿化带隔离城市喧嚣，一条河滨景观廊带人领略捞鱼河之美。湿地公园架起了人与自然沟通的桥梁，而不只是滇池孤独的“守卫者”。

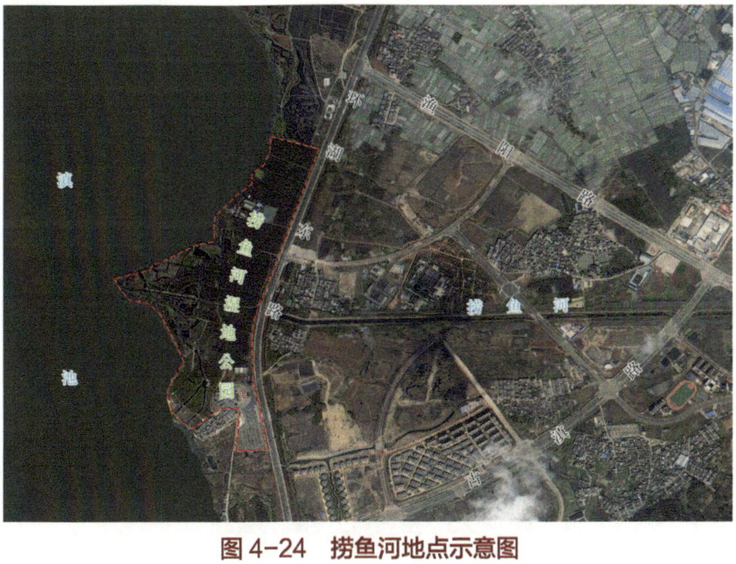

图 4-24　捞鱼河地点示意图

2. 捞鱼河湿地公园的环保功能

滇池是滇文化的发祥地，可以说整个云南文化基本都是围绕滇池而延展的。40 年前，昆明整整一代人围海造田，怀着美好的心愿，却让城市与自然间的过渡带——湿地几乎完全消失，正因如此，滇池生态日益恶化。为什么湿地如此重要呢？

（1）湿地与森林、海洋并称全球三大生态系统，有“地球之肾”的美称。全世界共有自然湿地 855.8 万平方千米，占陆地面积的 6.4%，为地球上 20% 的已知物种提供了生存环境。

（2）湿地具有强大的净化空气和水质的作用。丰富的湿地植物群落，能够吸收大量的二氧化碳气体，并放出氧气，一些植物还可以吸收空气中的有害气体，从而调节大气组分。沼泽还能吸收空气中的粉尘和各种菌，净化空气。湿地中的堆积物可以吸附污水或工业废水中的金属离子和有害成分。

（3）湿地是世界上生产力最高的环境之一，为动植物提供充足的养分和良好的生存环境，保证了物种的多样性。作为陆地与水域的缓冲带，湿地在涵养水源、蓄洪防旱等方面也起到了重要作用。

（4）捞鱼河湿地公园水质净化。集水和布水设施组成无动力自流湿地补水系统，全园范围内保持了水土湿度，首先保证了湿地的存续。其次湿地公园全园地势层层下落，每层有不同的净化分工，最终使水质达到可入滇池的标准。

图 4–25　捞鱼河上的森林景观

第一层为引入的捞鱼河河水，经过入口处，池塘初步沉淀，下落进入第二层沉淀塘。沉淀塘是利用重力作用沉淀去除水中悬浮物的一种构筑物。采用平流沉淀的形式，污水从入口进入沉淀塘，在塘中缓慢流动，使污水中的悬浮物质慢慢沉积下来。沉淀池在废水处理中广为使用。沉淀塘中种植以中山杉为主的生态防护林加强水质净化功效，防护林和林下湿地植物群落构成水上森林景观，对削减入湖污染物、改善局部空气质量和美化环境等起到了重要作用。

通过沉淀塘的层层过滤后，水流入稳定塘。稳定塘是一种利用天然净化能力对污水进行处理的构筑物的总称。依靠塘内生长的菌、藻、微生物处理废水中的有机污染物、病原体。稳定塘中种植大量湿地植物，如芦苇、再力花、香蒲等，吸附水中的氮、磷等污染物以供自身生长，并为其他动、植物提供食物。实现了以水生植物、水产、水禽构成的生态链，将污水处理与利用结合起来，实现污水处理资源化。

经过稳定塘的处理后，污水中的悬浮物质减少，污水的颜色变淡，最终到达入湖口。入湖口湿地水较浅且与陆地紧密相连，生长着多种水生植物，如水葫芦、大漂、浮萍等，成为了河水入湖的最后一道净化屏障。滇池的水与湿地内的水在入湖口湿地中进行交换，能够有效削减入湖湿地的污染物。

3. 中央公园内的滇池保护责任公告栏

图 4-26　中央公园内的滇池保护责任公告栏

活动二：探访“冰心默庐”

（一）活动目的

参观冰心默庐，考察呈贡传统民居及其特点，了解冰心默庐背后的时代背景及文化，感受呈贡人文之美。

（二）活动指南

1. 学习准备。查阅资料，了解冰心默庐的文化内涵。阅读冰心作品《默庐试笔》。

2. 游览参观。观察民居特点，绘制冰心默庐手绘图。

3. 汇报交流。谈谈参观冰心默庐的感受，为未来冰心默庐旅游参观该如何发展提出建议。

（三）参考资料

“冰心默庐”原名“华氏墓庐”，为呈贡斗南村华氏民国时期守坟祭祀先辈使用的祠堂。抗战时期，为避敌机轰炸，著名作家冰心和丈夫吴文藻一家随西南联合大学辗转南迁至昆明呈贡，在1938—1940年居住于此，冰心应邀义务任教呈贡中学，题写了“谨信弘毅”的校训，为“呈贡县立中学校歌”作词。冰心陶醉于默庐的自然美景之中，她取“墓”的谐音字“默”，创作《默庐试笔》赞美呈贡的风光景物，以对自然和对学子的爱来抚慰自己一颗忧国忧民的心。西南联合大学梅贻琦、罗常培、郑天翔、杨振声及居住呈贡的费孝通、陈达、戴世光、沈从文、孙福熙等文化名人都是“默庐”的常客。“默庐”成为“谈笑有鸿儒”的地方。1940年2月28日，《默庐试笔》在香港《大公报》上发表，“默庐”雅号流传至今。

图 4-27　冰心默庐地点示意图

图 4-28 "冰心默庐"景观

活动三：考察斗南花卉交易市场

（一）活动目的

考察斗南花卉交易市场，了解鲜花产业，能从区位因素分析斗南花卉市场选址的优势条件以及斗南花卉市场产业发展的优势条件。

（二）活动指南

1. 学习准备。查阅资料，了解呈贡斗南能成为亚洲最大的鲜切花交易市场的优势自然条件和发展历程。

2. 实地考察。结合查阅的资料，走访斗南鲜花交易市场，了解鲜花产业情况。

3. 汇报交流。选取展板或会议等各种形式，图文并茂地介绍斗南花卉市场产业发展的情况。

（三）参考资料

1. 地点简介

昆明斗南花卉市场毗邻昆明市呈贡区滇池东岸，享有"金斗南"之称。昆明斗南花卉市场，现已发展成为亚洲最大的鲜切花交易市场，是著名的"花都"。

云南省有 80% 以上的鲜切花和周边省份、周边国家的花卉入场交易。在全国 80 多个大中城市中占据 70% 的市场份额，出口 46 个国家和地区，有“全国 10 枝鲜切花 7 枝产自云南”之说。多年来借助“斗南花卉”这一中国驰名商标的品牌效应和市场优势，斗南已成为中国花卉市场的“风向标”和花卉价格的“晴雨表”。

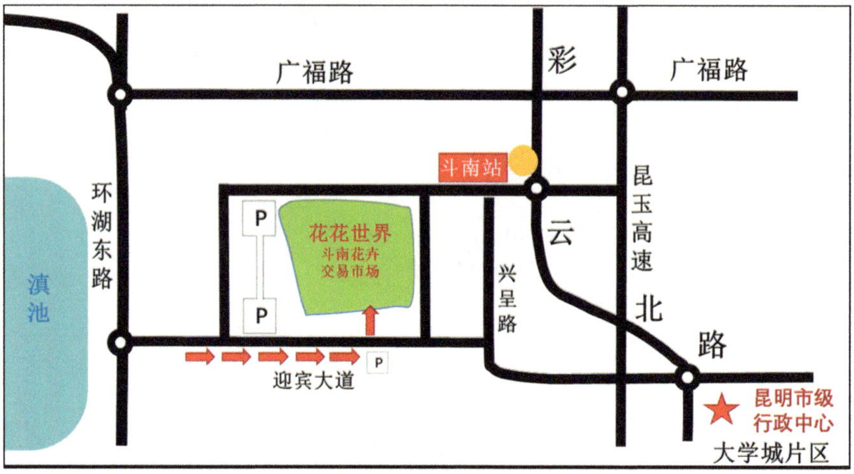

图 4-29　斗南花卉交易市场示意图

图 4-30　斗南“花花世界”布局

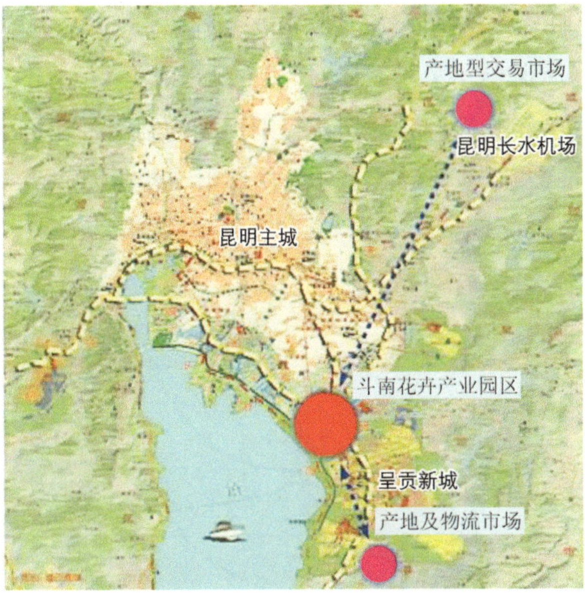

图 4-29　斗南花卉市场区位图

2. “菜篮”变“花都”

斗南自古以来就是一个典型的种粮和蔬菜的乡镇。20 世纪七八十年代，它是昆明的“菜篮子”基地。1981 年，华忠义接受了种子公司经理张毅的建议，带领几名村民到漳州、杭州、广州等地参观，带回来一些唐菖蒲、晚香玉、小苍兰等品种，在自家 0.3 亩菜地引种成功，收入达 3 000 元。因为纬度低，海拔高，光热充足，昼夜温差大，生长出的鲜切花色泽鲜艳、茎杆挺拔；冬无严寒，夏无酷暑，年温差小，降水充沛，适合全年种植鲜切花且全年均衡生产，能够生产反季节、优质花卉，只需要有简单技术，种花几乎是稳赚不赔的。很快，家家户户都学种花卖花。短短三四年时间，斗南 50% 的土地都种上了鲜花，村民们由肩挑篮子进城卖花，到形成斗南花卉一条街，人们前来赶花街，这些都得益于自然条件优越，劳动力种花素质较高，市场条件好之利。随着经济的发展，鲜花市场越来越大，县委、县政府继续重点打造花乡品牌，出台支持政策，投入巨额资金，加大研发良种、培育优质鲜花、培训技术人员等科技投入，完善交易市场、储藏、旅游、住宿、金融、电信、物流等配套服务设施，保证水陆空交通、保鲜冷藏等条件。2001 年，经上海第十四届吉尼斯总部认证，斗南花市成为中国乃至亚洲最大的鲜切花交易市场。到 2017 年，斗南鲜花已有 100 多个大类 1 600 多个品种，日交易 1 650 万枝鲜花，金额达 1 294 万元，稳居世界第一。今天的斗南鲜花交易中心，鲜切花从采收、分拣、包装、存放、冷链、运输，到终端消费市场，全环节密切衔接、保质保量，交易额达63.82亿元，出口额达1.7亿美元，远销46个国家和地区。斗南，已经成为世界鲜切花级别标准的制定者和价格“风向标”，加之快速打造鲜花文化、鲜花小镇，等等，斗南已经由“花市”变成了世界“花都”。

CHAPTER 5

第五章 加深研学认识

《普通高中地理课程标准（2017年版）》明确指出：（1）地理课程旨在使学生具备人地协调观、综合思维、区域认知、地理实践力等地理学科核心素养，学会运用地理的视角认识和欣赏自然与人文环境，提高生活品位和精神境界，为培养德智体美全面发展的社会主义建设者和接班人奠定基础。（2）地理实践力是指人们在考察、实验和调查等地理实践活动中所具备的意志品质和行动能力。包括：①能够用观察、调查等方法收集和处理地理信息，有发现问题、探索问题的兴趣；②能够与他人合作设计地理实践活动的方案，独立思考并选择适当的地理工具；③能够实施活动方案，主动从体验和反思中学习，实事求是，有克服困难的勇气和方法。

当前，研学旅行的开展方兴未艾，难免出现一些目的不明、属性不清、效果不佳等问题。为了规范、有效、均衡地推动研学旅行的健康发展，促使研学旅行成为落实教育立德树人根本任务，培育各学科核心素养和学生发展核心素养的重要途径，中国教育学会地理教学专业委员会特拟定了“研学旅行课程标准”，以连载方式分四期刊登于《地理教学》杂志上，作为研学旅行指导性规范，促进研学旅行规范化、课程化、优质化。“研学旅行课程标准”指出：“研学旅行是学校根据区域特色、学生特点和学科需要，组织学生以集体旅行、集中食宿的方式走出校园，拓展视野、丰富知识，加深与自然和文化的亲近感，增加对集体生活方式和社会公共道德的体验。”

综上所述，地理实践力核心素养的论述充分说明了地理实践力为研学旅行的开展提供了坚实的素养基础，而研学旅行为地理实践力核心素养的培育提供了有利的实施途径。目前，研学旅行活动正在全国中小学如火如荼地开展，但是应当认识到，研学旅行不是随意的市场化游学，也不属于某一学科，而是以公益性为主的学校教育和校外教育的衔接，属于学校课程体系中的综合实践活动课程的范畴，各学科课程的理论知识和实践能力必须综合用作研学旅行活动的基础，研学旅行活动又是对各学科核心素养培育成效的实践检验。

本章从研学资源开发和设计的角度，沉心研究与探索，旨在加深对研学活动的认识，提高组织开展研学活动的能力。

第一节　研学课程资源开发策略初探
——以昆明市盘龙江研学为例①

研学旅行在各地备受瞩目，教育部已出台多份文件来支持和规范研学活动。研学资源是切实贯彻落实新普通高中地理课程标准所提倡的四个核心素养的重要支点，尤其对于区域认知和人地协调观的培养而言，更需依托乡土研学资源。特别是学校场域的属地研学资源，因贴近学生生活，所以既利于培养学生的观察品质，又利于培养学生的乡土情怀。然而对于教师来说，开发高契合度的本土研学资源，困于没有针对本地的指导文件，一直难以真正落实。本节以云南省昆明市盘龙江研学资源开发为例，对地方研学资源开发策略和方法进行探索，为开发乡土研学资源提供一种思路。

一、研学课程目的意义及其开发策略

盘龙江发源于昆明市嵩明县境内梁王山，是滇池流域的主要河流，也是牛栏江—滇池引水工程的重要渠道，对整个昆明市生态改善和城市用水供给具有重要意义[1]。生活在江畔的学生应该了解、关注、深爱这条“母亲河”。从盘龙江主源牧羊河到滇池全长 95 千米，通常意义上的盘龙江指从牧羊河上松花坝水库到滇池的河段，全长 26 千米[2]。本次研学路线为松花坝—滇池一段。

通过组织学生对盘龙江河道长度、河岸变化、水质情况、水深、河岸植被分布情况、河岸土地利用类型变化、对昆明老城区的影响、水污染情况及处理措施、引水入滇池的可持续发展意义等方面进行调研，使学生对盘龙江流域的自然环境和人文社会发展形成整体、客观认识。目的在于开发更具针对性和灵活性的乡土课程资源，供昆明地区的学校使用，辅助教师开展教学，培养学生的区域认知能力、综合思维品质和人地协调观念等地理核心素养，增强学生对于家乡的了解和热爱。

① 该成果为云南师范大学学科教学专业“地理课程资源开发利用”课程的教学成果。作者：2018 级周洁，通讯作者：李琳。该成果已发表于《地理教学》2020.10：49−52.

二、研学准备性资源及其开发策略

与课堂教学相比，研学活动开放性强，师生不熟悉场景，前期准备尤为重要，可从以下几方面准备。

（一）查阅资料，熟知研学路线概况

此次研学活动，从松花坝水库出发，乘客车沿盘龙江顺流而下。因所含内容丰富，为避免“游而不学”，学生和教师都需提前查阅资料。教师团队可采用“总—分—总”的合作模式，即共同研讨规划总的路线内容，教师分工各自负责一部分，最后整合成文，供整个团队使用。学生团体可沿用这一模式，分小组（4～6人/组）收集盘龙江的流域面积、水文、植被、沿岸农业发展、昆明老城区城市发展、人口、引水入滇工程等流域概况材料，整理成后续活动和讲解时的支撑资源。

（二）学习百度地图工具，记录足迹

地图是地理学科的灵魂，更是野外调研不可或缺的工具。相比传统的纸质地图，百度地图具有携带方便、灵活性和实时性强、局限性小等优势，所以可提前学习如何在手机百度地图上记录活动路径，并且将路径、站点与实拍照片快速结合。通过百度地图，学生能够实时了解活动的足迹点在整个昆明市所处的位置，以便为后续撰写研学报告提供更为准确的空间参考。同时，此设计能让学生体验地理信息技术在生活和学习中的应用，提高学生对信息的收集和使用能力。

（三）因地制宜地做好安全预案

在开展盘龙江研学活动期间，以教师指导学生在车上观察沿岸景观并匹配内容讲解的时间居多，到了站点后集体下车在站点及其附近开展研学活动和配合真实情境对相关知识点进行讲解。因此，在研学活动之前，组织者需向学校相关部门提交申请和计划材料备案，同时对学生进行意外情况的处理方法及安全意识的教育和培训，购买保险，叮嘱学生做好防晕车、防晒、衣物配备、手机电量续航等方面的准备。在研学中，邀请相关的后勤人员协助同行，教师实时观察、提示，防止意外发生，确保研学活动的安全展开。在研学后，对于此次研学活动做反思、完善和改进，使研学活动

具有可多次开展的潜力和价值。

三、研学方法及其开发策略

研学方法具有多元化特征，何种研学问题对应何种方法，需要教师提前对于该题材研学中涉及的方法进行预测、规划与开发。

（一）观察、思考与标记

观察是研学活动中最为常用的方法，实地观察给予学生的是直接经验，也是实地研学调研较传统教学的最突出优势，这一方法将始终贯穿于整个活动之中。

与普通的旅游不同，学生所观察到的是某一景观、某一现象，那么这一景观（现象）表征背后的原因是什么，与其他事物的相关性如何，将来朝何种态势发展，怎么对其作出客观、科学的评价与建议等都需要引导学生不仅要从地理学科的视角，而且要从多学科视角进行全面综合思考。

每个学生就同一现象的思考不尽相同，可以就某一问题面向集体展开探究，借助微信群平台进行信息的实时交流，开展“头脑风暴”。对于开放性的问题更需要借助集体的力量，为其他人提供更为广阔的思路。随后，教师应该提醒学生在笔记本上记录下别人的观点，在百度地图上面标记足迹，并在各站点拍摄典型性照片素材。

（二）采样、考察与参观学习

本次研学活动的主题为河流，故可以在各个研讨站点对河流水质采样。首先，引导学生观察取自各个研讨点的水，看它们的颜色、透明度、气味等方面有什么区别，思考各段所取水样为什么会呈现差异，观察并在简易水质记录表中记录下各个站点水样的特征，如表 5-1 所示。

表 5-1　各站点水质记录表

水样采集点	时间	颜色	透明度	气味	水样表征原因分析
松花坝					
霖雨桥					
二环北路					
二环南路					
环湖东路					

更加准确的分析需要借助水文监测站的力量。盘龙江作为入滇最大的河流，河

畔分布有多个水文监测站。水文站不仅是盘龙江水情要素采集点，还承担着面向社会科普河流知识的责任，在这里我们既可以检测各站点水样的水质情况，还可以得到一些更精确的河流水情要素数据，如水位、流速、流量、水质等数据。

同时，可以学习河流水情要素数据的测量方法和原理，了解水文监测站的工作人员的工作日常和事迹，培养学生严谨、坚持的科研精神和坚守平凡的岗位、肩负责任、砥砺前行的情怀。

（三）访谈、调查与信息甄别、整理

盘龙江穿过昆明市的老城区，其沿岸多为商业用地和城市居民居住用地，也有水务局、监测站等市政办公用地。如需对某一问题与其他事物的联系、历史发展变化、观点意见等进行调查，除了查阅文献，还可以对生活和工作在江畔的当地居民、部门人员进行走访调查，更能掌握一手资料。

走访街道居民，应尽可能选择本地长期居住的居民。如需调查历史发展变化，则以访问年长者为最佳，因为他们住在江畔，经历了一代人的光景，见证了河流及其沿岸的发展变化，像一本“活的小区域地方志”。如需收集意见，小组成员可多走访几位居民，聆听他们对于某一事物、政策的观点是如出一辙还是南辕北辙，这样的调查方式对撰写后续报告中的评价建议更具参考价值。

通过走访收集所得的信息，可能比较杂乱，可边听边记录关键词句，做初步整理。而有些信息的准确性与科学性有待考证，这时候就可以辅助准备时期收集的材料，向水务局、规划设计院等部门进行求证。

四、研学站点与匹配内容的设计开发

研学旅行沿线可供开发利用的资源繁杂，需要筛选归纳，进行站点的规划和匹配内容的设计。在每个考察站点只需选择一些典型、突出的内容进行讲解和探究。

（一）站点设计总括

盘龙江河流主题研学旅行线路一共设计 5 个站点，分别是松花坝水库、霖雨桥、二环北路交叉口、二环南路交叉口、环湖东路交叉口。站点位置分布如图 5–1 所示。

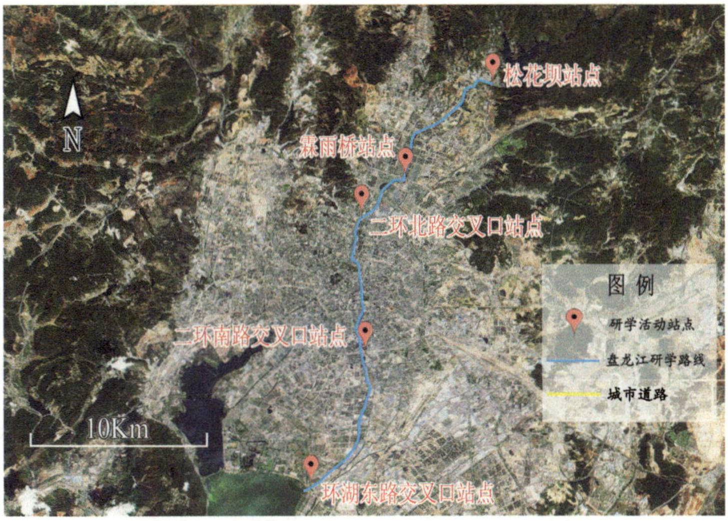

图 5-1　盘龙江研学路线设计及站点分布图

每个站点都涉及盘龙江及其沿岸自然与人文社会的知识点，选点原因和匹配内容总括如表 5-2 所示。

表 5-2　选点原因与匹配内容

考察站点	选点原因	匹配内容
松花坝水库	牛栏江—滇池引水工程的中间枢纽站，昆明市饮用水水源地	松花坝水库周边地形、防洪蓄水功能、水库库容、补给方式和保护措施、牛栏江引水入滇工程
霖雨桥	流经昆明郊区，属水质最佳河段，灌溉农田	河流的补给类型、上游植被对河流水质的影响，河流对于农业发展的影响
二环北路交叉口	入昆明老城区——昆明的城市发展最为久远的人口密集区域	河流对城市的规划布局、水源供给、景观的影响、盘龙江水运历史及其发展
二环南路交叉口	盘龙江穿过昆明老城区	水情要素检测与监控、城市河流水污染原因分析（自然和人为）、城市污水治理措施
环湖东路交叉口	河段下游，入滇	湿地对河流的净化功能、牛栏江—滇池引水工程生态意义、人地关系协调、可持续发展

（二）站点活动内容及探究问题设计

1. 松花坝水库站点活动内容及探究问题设计

表 5-3　松花坝水库站点活动及问题

站点	探究活动	问题设计
松花坝水库	①判断方向、绘制水库库区地形草图（包含主要山脉、河流）； ②登高俯瞰松花坝地形全貌、观察水库畔土地利用类型	①利用纸质地图，实地辨认哪一方向为昆明城区方向，为什么？并说出野外辨认方向的方法。②松花坝水从何而来？水库具有哪些功能？在牛栏江—滇池引水工程中扮演怎样的角色？ ③现在库区内的土地利用类型有哪些？这样的土地利用类型是否有利于保护水源地？

2. 霖雨桥站点活动内容及探究问题设计

表 5-4　霖雨桥站点活动及问题

站点	探究活动	问题设计
霖雨桥	①观察河流上游的河床形态、两岸的植被、景观、水质情况； ②用手机拍摄照片素材，标记足迹点	①盘龙江除了松花坝水库水补给，还有哪些方式的补给？ ②松花坝—霖雨桥河段为全河段最佳水质的原因是什么？ ③盘龙江对沿岸的农业发展起到什么作用？

3. 二环北路交叉口站点活动内容及探究问题设计

表 5-5　二环北路交叉口站点活动及问题

站点	探究活动	问题设计
二环北路交叉口	①观察沿岸的景观，分析河流对城市规划、景观的影响； ②观察入城后河堤类型和河岸植被，收集素材，做好记录； ③采访沿岸街道居民，小组合作探寻盘龙江航运功能废弃的原因，听取居民对恢复航运这一建议的观点	①盘龙江对于昆明市老城区的城市规划、景观设计有怎样的影响？ ②这一站点附近河畔是什么材质？栽种的植被有哪些类型？说出这样设计和规划的优缺点。 ③盘龙江在历史上具有重要的水运功能，而现在却不能通航，为什么？有人提议恢复盘龙江水运功能，缓解陆上交通压力，这一建议可行吗？

4. 二环南路交叉口站点活动内容及探究问题设计

表 5-6　二环南路交叉口站点活动及问题

站点	探究活动	问题设计
二环南路交叉口	①根据实地情况和活动前资料，小组合作探究城市河流水污染的原因； ②参观水文站，检测水质，学习河流水情要素测量方法，了解水文站工作事迹	①客观分析城市河流水污染的原因（自然因素和人为因素）。 ②针对盘龙江水污染现状，提出有效的解决措施。 ③参观完水文站，你有什么感想和体会？

5. 环湖东路交叉口站点活动内容及探究问题设计

表 5-7　环湖东路交叉口站点活动及问题

站点	探究活动	问题设计
环湖东路交叉口	①观察湿地景观，收集盘龙江入滇口景观照片素材，说明湿地的功能； ②实地探究牛栏江—滇池引水工程对滇池水质改善、生态恢复的作用和意义； ③考察滇池流域土地利用类型的变化	①湿地对流经城市的水具有怎样的功能？环滇池湿地是怎样对沿岸环境调节起作用的？ ②滇池水质如何？从颜色、透明度、气味三个方面进行描述。引水工程对改善滇池水质是否有明显成效？ ③滇池流域人地关系是如何演变的？怎么实现可持续发展？

五、成果展示与评价设计及其开发

研学活动所承载的知识和内容极其丰富，仅凭有限的活动时间，对相关问题的研究只能停留在表面，所以后期需要对研学过程中的记录进行整理和深化，并进行成果展示与评价[3]，从而形成一个完整的研学过程。

活动结束后，学生需要尽快以百度地图里面标记的足迹点为空间参考，辅以过程中的笔记草图、照片素材和微信群等分析资源，以盘龙江为主线，将各个站点的匹配内容进行整理。对感兴趣的问题应进一步查阅资料、深入探究挖掘，这样才能研而有获，学有所得。

最终以小组分工合作的方式，将研学成果以 PPT、文档、论文等形式做展示与分享。尽管每个小组的内容组织、侧重及呈现形式有所不同，但学生才是研学旅行活动的主体[4]，基于这一出发点，在评价过程中可以以学生小组互评和教师评价两者结合的方式，从 9 个评分维度对小组成果展示作出评价，具体如表 5-8 所示。

表 5-8 研学活动成果展示评价表

盘龙江研学活动成果展示评分细则		
第　小组	小组成员：	
评分维度	评分等级标准	等级
准备材料	等级一：几乎无准备材料	
	等级二：查阅资料，但材料不足	
	等级三：材料充足，但零散、无归纳整理	
	等级四：材料充足且对材料进行分类、整理归纳	
成果科学性	等级一：出现明显的科学性错误	
	等级二：出现少量错误表述，但绝大部分正确无误	
	等级三：无错误表述，但多口语、缺乏地理术语	
	等级四：表达用词科学、精准、规范	
内容完整度	等级一：缺乏完整性，零散细碎	
	等级二：基本涵盖研学路线 5 个站点讲解知识点	
	等级三：除了讲解知识点，还包含过程描述、感悟、记录	
	等级四：能够扩展延伸活动之外的知识、要素，深入挖掘	
排版设计	等级一：版面结构混乱	
	等级二：基本整洁	
	等级三：有设计，结构清晰	
	等级四：结构清晰，具有条理逻辑	
图文处理	等级一：无图片素材，只有文字或只有图片	
	等级二：图文匹配度、相关性不强	
	等级三：基本合理	
	等级四：图文并茂，安排合理	
媒体与技术	等级一：了解，但不会操作使用，作品中无体现	
	等级二：单一媒体应用	
	等级三：少量媒体、技术支撑	
	等级四：多种信息媒体资源支持，成果丰满	
语言表达	等级一：混乱不清，言语含糊混乱	
	等级二：基本能够描述清楚	
	等级三：清晰流畅，感情平淡	
	等级四：语言准确生动，具有逻辑性	
团队合作	等级一：几乎不能体现团队合作	
	等级二：体现一定的团队合作	
	等级三：团队合作有明确分工	
	等级四：分工明细，配合默契	
情感态度	等级一：几乎无所感、所悟、所想	
	等级二：有些许感想	
	等级三：感悟颇多，但仅停留在思想层面	
	等级四：与实际生活结合，能指导实践	
评价建议：		

成果展示后，教师应收集评价数据，进行数据分析，反馈学生改善研学成果的建议，就研学活动的问题与不足进行改进和完善，以便研学活动的“可持续发展”。

六、总结

本节以盘龙江河流研学活动为示例，阐述了研学课程资源开发的一般策略：首先，明确开发的目的和意义，做好活动前的准备工作；其次，进行研学方法设计、站点选取与内容匹配；最后，在活动结束后，进行研学成果展示、评价反馈与再完善。经初步实践，表明这一操作路线与策略便捷有效，对开发地理研学资源具有较好的指导意义。

参考文献

[1] 储星星，普蕾，黄晓曦．牛栏江—滇池引水工程对盘龙江综合效益影响的估值模型研究 [J]. 现代经济信息，2014（7）：396-397.

[2] 任红．昆明与盘龙江 [J]. 中国三峡，2019（5）：20-23.

[3] 胡慧芳．地理研学旅行评价研究 [D]. 福州：福建师范大学，2018.

[4] 袁书琪，李文，陈俊英，等．研学旅行课程标准（三）——课程建设 [J]. 地理教学，2019（7）:4-6.

第二节　抛锚式教学视角下的地理研学活动设计
——以呈贡区松茂水库研学为例①

本节从抛锚式教学出发，以云南省昆明市呈贡区松茂水库为研学点，从创设情境、确定问题、自主学习、协作学习和效果评价五个环节开展研学活动设计，以期实现旅行体验与地理知识学习的密切结合，增强学生对地理现象的感知能力，提升学生的区域认知能力，培养学生的人地协调观和地理实践能力，为研学旅行实践提供参考。

一、抛锚式教学与研学旅行

抛锚式教学是建构主义理论下的一种教学方法，又被称为“实例式教学”“基于问题的教学”“情境性教学”。建构主义学习理论提倡学习者要掌握知识或事物规律，必须实现意义建构。据此，抛锚式教学设计要求学生自己到现实的世界中去体验，并通过获取直接经验来学习知识。在抛锚式学习过程中，教师只向他们提供帮助。抛锚式教学由以下几个环节组成：①创设情境：使学习能在和现实情况基本一致或相类似的情境中发生；②确定问题：让学生面临一个需要立即去解决的现实问题；③自主学习：不是由教师直接告诉学生应当如何去解决问题，而是教师向学生提供解决该问题的有关线索；④协作学习：讨论、交流；⑤效果评价：在抛锚式教学中，学习过程就是解决问题的过程，因此对这种教学效果的评价要注重在学习过程中善于观察并记录学生的表现，而不是仅依靠最后的成绩作为唯一评价标准[1]。

2016年《关于推进中小学生研学旅行的意见》（以下简称《意见》）出台，《意见》指出，“把研学旅行纳入学校教育教学计划”，在实现培养学生地理学科核心素养目标上迈出重要一步。《意见》中明确指出，中小学生研学旅行是由教育部门和学校有计划地组织安排，通过集体旅行、集中食宿方式开展的研究性学习和旅行体验相结合的校外教育活动，是学校教育和校外教育衔接的创新形式，是教育教学的重要内

① 该成果为云南师范大学学科教学专业“地理课程资源开发利用”课程的教学成果。作者：2018级赵文栋，指导老师：李琳。2019年入选中国地理教育教学年会会议论文，进行分会场交流，得到好评。

容，是综合实践育人的有效途径。可见，研学旅行作为学校教育新的补充，具有教育性、实践性、参与性、体验性等特点，是一种体验式的研究性学习，其倡导的建立相互合作学习共同体、将学校课程和生活实践紧密结合、评价不拘泥于学生成绩而注重过程等与抛锚式教学的原理非常相符。若将两者有机结合，便可以使研学旅行得到科学的实施，并且能有效克服目前普遍存在的“只学不游”或“只游不学”的问题。

二、抛锚式教学视角下的研学活动设计

完整的研学活动实施过程主要包括前期工作、研学线路及其内容设计、成果汇编及展示汇报三个环节，其中后两个环节可以与抛锚式教学相结合进行设计。

（一）研学旅行前期工作

“兵马未动，粮草先行”，要想成功做好这场研学旅行，首先要确保组织者对研学目的地的了解，先行制订相应的安全应急预案和活动方案，并组织学生做好相应知识、物品的准备，备足“粮草”。

1. 研学地点

本次研学旅行地点是昆明市呈贡区松茂水库。水库位于云南省昆明市呈贡区吴家营街道办事处刘家营村，属长江流域捞鱼河水系，集水面积 30.6 平方千米，发挥着防洪、灌溉、生产、绿化、景观的社会经济生态效益。通过对库区范围内各种地理事物的认识、研究，可以培养当地学生的区域认知能力、人地协调观，同时能够增强学生乡土情感。

2. 制订安全应急预案

研学旅行是一项多部门、多方面共同合作组织的教育实践活动，《意见》中指出学校自行开展研学旅行，要根据需要配备一定比例的学校领导、教师和安全员[2]。这就意味着教师尤其是地理教师作为研学旅行的组织者和指导者，必然承担着研学方案的总策划工作[3]。在组织研学方案策划时，根据研学地点的特殊性制订相应的安全应急预案，专案专用，主要可包含以下几个方面：①设立指挥领导小组：统筹安排研学旅行应急安全教育、管理工作；②制订各类事故安全应急预案：食物中毒事故、交通事故、溺水事故以及突如其来的其他伤害事故等；③完善和畅通事故报告程序：确保安全紧急情况信息报送畅通、运行有序；④加强宣传教育：“教育在先，

预防在前”，积极开展研学旅行专项安全教育活动。

3. 通过实地考察进行方案策划

教师作为直接的组织者、实施者和引导者，对研学点的踩点和实地考察是研学旅行组织和实施过程中至关重要的第一步。教师要带着一双“发现的眼睛”去挖掘研学途中符合学生考察和体验的地理事物，用地理教师“专业的眼睛”去甄选值得学生探究的地理研学点。考察员人数视学生规模、研学地范围大小、内容多少以及复杂程度而定。为保障考察质量，教师考察前要商定考察任务，例如，按地理知识类型划分为人文地理、自然地理和区域地理，由不同的教师进行考察记录，也可以各自考察记录三类地理知识，结束后开会分类、摘选内容，避免内容繁杂导致研学旅行“只学不游”。除了对知识类的地理现象和事物进行考察，还应关注当地的医疗应急机构、食宿点分布等。

经实地考察后明确研学目的地范围、资源、内容，并记录水库附近的医疗应急机构、食宿点。结合学生实际情况开展研学方案策划，方案要素应包括指导思想、活动目标、准备工作、活动过程、预期效果和活动总结，并注重活动和问题的设计指导。

4. 相关知识、材料和用品的准备

为避免研学活动“只游不学”，出发前教师需要组织学生对相关的地理知识进行复习巩固，并且提供给学生相应的学习资料，如松茂水库的相关介绍、地形图、水系图、地质构造简介等。提醒学生准备好笔记本、铅笔、尺子、照相机、带有指南针的手机（安装高德地图 / 谷歌地图）等学习用品和雨伞、防晒物品、水杯、防蚊虫药膏、背包、帽子等生活用品。

（二）研学线路及其内容设计

该部分是研学活动设计的核心内容，在按照一定顺序设计的研学线路的基础上，遵循抛锚式教学的要求对每个研学点的研学内容进行甄选和知识点挖掘，提出的问题和活动设计要能够体现研学旅行体验性和探究性要求。

1. 研学线路与研学点设计

在教师对研学点进行现场考察后，按照途经地点的先后顺序，确定了五个具有研学价值的研学点，即捞鱼河、珍茗水厂、水库大坝和两个研学驻足瞭望点，如图 5–2 所示。

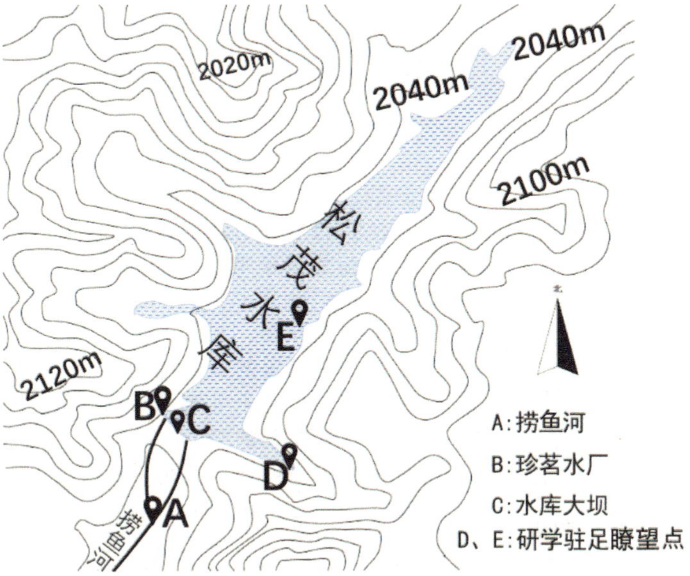

图 5-2 松茂水库等高线及研学点分布示意图

2. 研学任务表设计

遵循抛锚式教学的要求，在每个考察点设置五个环节，即创设情境、学生自主发现问题、预设学生探究、启发协作探究和形成结论。其中，第一环节“创设情境”，就是学生在集体旅行过程中进行研究性学习和体验性学习相结合的活动，即研学路线中各个驻足点本身的情境，学生在这一过程中时刻处于一个真实的情境，故不再设计，如表 5-9 所示。后面四个环节设计如下：

①学生自主发现问题：该部分下设预设问题、确定问题两个二级环节。前者是教师通过对研学点考察和学生学习分析后预设学生提出的问题，教师可据此准备相关知识并引导学生进行深层次思考；后者则是在前者基础上，由教师引导，学生思考后确定具有层次性和探索性的问题，该问题是进行相关研学点体验和学习的“指挥棒”。②预设学生探究：下设预设探究程序、收集资料两个二级环节，以学生个体行动为主。③启发协作探究：下设交流讨论、资料补充两个二级环节，是研学活动中的重要环节，旨在以此培养学生团队合作和解决问题的能力。④形成结论：通过发现问题、提出问题、解决问题和团队讨论验证后最终得出结论。

表 5-9　松茂水库学生研学任务表

组别：　　　　成员：　　　　研学时间：　年　月　日

研学点	学生自主发现问题		预设学生探究		启发协作探究		形成结论
	预设问题	确定问题	预设探究程序	收集资料	交流讨论	资料补充	
A 捞鱼河	捞鱼河流向？发源于哪里？注入哪里？（教师预设学生处于真实情境中可能会产生的疑问，较简单、浅显）	1. 分析捞鱼河的水文特征；2. 思考上游的水库建设对捞鱼河及其流域的影响。（教师适时加以引导，学生自主确定深层次问题）	观察、记录河流流向、流量、含沙量、有无结冰期，根据河流岸堤水流迹象和季节判断汛期，结合资料和水文特征，探究水库建设对捞鱼河的影响	自行展开初步的调查和资料收集。进行水量、含沙量等的记录，对于难以解释的现象及时记录，等待小组讨论	小组成员之间交流讨论，整合资料，解决问题，对于难度较大的问题(如水库建设对捞鱼河及其流域的影响），确定小组合作程序和分工	水库坝脚建有水泵站，设有阀门可调节河流流量，流域内有林果种植、城市绿化带等	水文特征：含沙量小，汛期出现在6—8月，冬季无结冰期，冬季径流小，夏季径流大，水能小。水库能调节捞鱼河径流，防洪防灾
笔记：							

3. 研学内容设计

（1）研学点 A。①学生自主发现问题：捞鱼河的流向是怎样的？捞鱼河发源于哪里？注入哪里？②预设学生探究：分析捞鱼河的水文特征；思考上游的水库建设对捞鱼河及其流域的影响；自行展开初步的调查和资料收集，如观察捞鱼河河面情况，进行水量、含沙量等的记录。③启发协作探究：此时为冬季，河流流量较小，河水清澈（图 5-3），河岸堤有明显流水落差痕迹；小组分工对源头和中游流域进行考察，发现源头有水泵站和阀门，通过资料研究发现中游有林果种植以及城市绿化带建设等。④形成结论：水文特征为含沙量小，汛期出现在 6—8 月，冬季无结冰期，冬季径流小，夏季径流大，水能小。水库能调节捞鱼河径流，为流域内的农业、绿化提供水资源，防洪防灾。

图 5-3　枯水期的捞鱼河上游

（2）研学点 B。①学生自主发现问题：教师提示学生观察手中矿泉水瓶上的生产信息，发现生产地是松茂。参观珍茗呈贡生产基地，思考矿泉水水源地选址条件。②预设学生探究：在地形图上标记水厂位置、现场勘察、记录数据和资料研读。③启发协作探究：珍茗水厂调查，观察水厂周围地势、地形，分析该地区气候、植被特征，通过资料研究其地质构造。④形成结论：该区域降水充沛，矿泉水来源主要为大气降水，该地区具有特殊的地质构造、地球化学环境、水文地质条件和地形地貌，并且茂盛的植被、适宜的温度和无污染的生态环境等条件都是矿泉水水源地选择的重要因素[4]。

图 5-4　珍茗呈贡生产基地

（3）研学点 C。①学生自主发现问题：分析在此修筑水库的原因。②预设学生探究：在等高线地形图上标记当前站立的坝梗位置，实际观察水库库区附近的地形地貌特征，记录相关数据。③启发协作探究：小组合作，通过实地观察，结合等高线地形图，判断该地区为三面环山围成的一个天然的蓄水区，坝梗的长度较短。④形成结论：该地区为口袋形地形，“口小”（大坝的长度短），工程量小，投资少；

“肚大”（蓄水量大）。

（4）研学点D。①学生自主发现问题：“松茂”名称的由来？为什么水库周边、捞鱼河周边会大面积种植水杉？②预设学生探究：观赏库区风景，上网查阅资料，大胆猜想“松茂”一词的来源。查阅水杉植物的作用、生长习性，调查引种原因。③启发协作探究：小组之间进行交流，询问周边居民，做好记录；团队合作，通过资料查找、实地考察水杉植物，发现其生长周期很快，并且耐水（图5-5），不仅外观好看，更能够净化水环境，巩固坝区四周土体。④形成结论：因水杉植物生长周期快、具有耐水的习性，可以生长于水库、河道边，加上其特殊的美化景观、水体净化功能而被广泛种植于水体保护区。

图5-5　水库周边随处可见的水杉

（5）研学点E。①学生自主发现问题：观察松茂水库水系分布图（图5-6），分析水库水源及库区的水系特征。结合库区部分地名（图5-7），谈一谈地名中的“冲”和“箐”与地理有什么联系。②预设学生探究：思考水库蓄水条件，观察周围地形地貌，对气候条件、植被条件等进行分析。③启发协作探究：小组成员在教师的带领下驻足E研学点，结合水系分布图（图5-6），教师引导学生深入思考：水系汇入地两侧地形有什么特点。除了水系汇入，水库蓄水来源还可能有哪些，学生小组据此展开讨论和考察。④形成结论：山谷中的汇水区通常被称为“箐”或“冲”。松茂水库的水大部分来自周围水系汇入，同时还有降水直接流入，因植被茂密，含蓄水源能力较大，故对库区的补给充足。

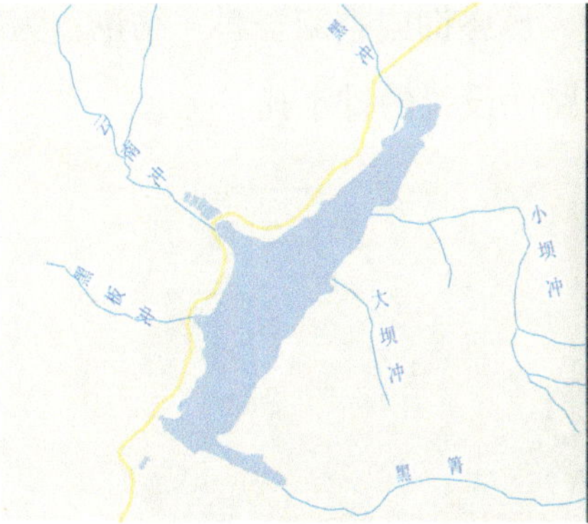

图 5-6　松茂水库水系分布图

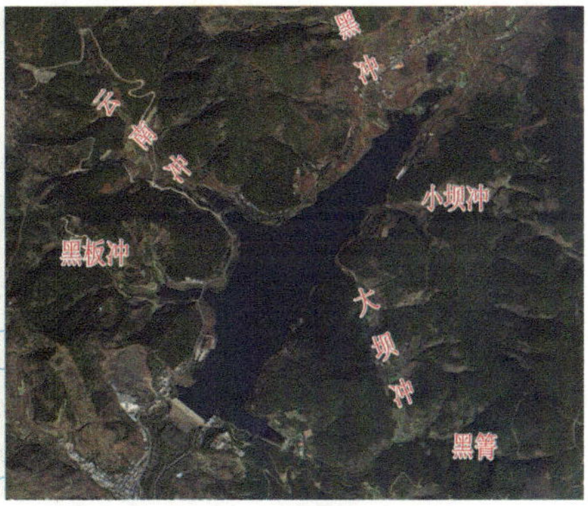

图 5-7　库区部分地名

（三）成果汇编及展示汇报

研学旅行成果集成除组织学生的成果分享和交流外，还应提供教师与教师之间的研学经验交流平台。教师作为研学旅行的直接考察者、组织者和参与者，其研学组织、实施经验是很大的财富，应该给予重视。

1. 教师与教师之间的成果和经验交流

教师与教师之间的交流分享可以考虑从以下几方面进行：①组织经验：包括教师踩点记录、研学方案编写、与各方协调、学生管理等；②导学经验：提问技巧、研学资源利用策略等；③成果汇编：论文撰写和发表，指导学生撰写小论文或项目书，PPT、视频影像的制作等。

2. 学生成果汇编及展示汇报

研学旅行结束后，给各个小组两天左右的时间进行成果整理、汇编，时间不宜过长或过短。对于质量较高的作品，教师可协助学生参加相关比赛。学生可从以下几个方面自行选择成果汇编形式：①小组制作 PPT，进行每个研学点的研学汇报，可对研学中的不足提出建议，同时要包括每位成员在研学过程中的贡献和有待加强的地方；②针对各研学点，在教师指导下撰写小组论文，论文内容要求具有一定知识性，不是简单的叙述；③针对研学过程中发现的有趣的地理现象，编写简单的研学考察任务。比如有学生在研学过程中发现水库周边山腰道路靠山体一侧挡土墙每隔一段距离就有个孔（图 5-8），学生可以以此为资源进行自主设计：观察墙体上的孔，呈明显的三角形状，可知非自然形成，那这个孔的作用是什么？（猜想：该孔为泄水孔。结合植被多、降水丰富、孔下端具有明显的水流痕迹等情况，可以判断该处在丰水期时经常有水流出，且学生可主动向当地水库管理人员咨询或查阅资料。结论：为防止山体因蓄水过多导致挡土墙压力过大倒塌堵塞道路而设置的排水孔。）

图 5-8　山腰道路靠山体一侧挡土墙上的排水孔

3. 学生研学成果评价量表设计

研学旅行的实践性、体验性和参与性决定了对于学生研学成果的评价不能只看最终知识的学习情况，更应注重在活动过程中学生的表现，采用过程性和表现性评价方法模式，从问题意识、探究过程和成果汇报三个方面考虑设置 7 项评价指标（表 5-10），总分为 100 分。为增强评价的客观性和科学性，采用多员评价方法，评价主体为教师、学生本人和小组成员。

表 5-10　学生研学旅行评价表

评价项目	评价指标	教师评价 50%	自主评价 25%	组员评价 25%
问题意识	发现问题的数量（10 分）			
	提出问题的质量（15 分）			
探究过程	参与程度（15 分）			
	资料收集完整度和质量（15 分）			
	合作交流能力（15 分）			
成果汇报	小组作品质量（15）			
	作品有无创新点（15 分）			

研学旅行活动设计方法众多，角度多种多样，教师要始终相信好的研学旅行是学生体验、经历和知识学习的有机结合，而不是走马观花式的“跟团游”。

参考文献

[1] 兰青 . 谈谈高中生物教学设计的几个环节 [J]. 中华少年（研究青少年教育）,2013（21）:72.

[2] 教育部，国家发展改革委，公安部，等 . 教育部等 11 部门关于推进中小学生研学旅行的意见 [类型].

[3] 邱涛 . 研学旅行地理教师需先行 [J]. 地理教育，2017（5）：7-9.

[4] 阮巍 . 昆明市二叠系玄武岩地区矿泉水成因研究 [D]. 昆明: 昆明理工大学 ,2018.

第三节　“四层一体”视角下地理研学旅行活动的设计
——以参观晋华宫国家矿山公园为例[①]

研学旅行正在成为推进素质教育的新内容、新方式的热点。本节基于周尚意教授的“四层一体”理论，以参观晋华宫国家矿山公园为例，探索了研学内容开发从自然层、生计层、组织层、文化层四方面进行，在研学旅行活动中强调此四层面的统一性与整体性的方法。这种方法为地理教师设计研学旅行活动提供了利用社会资源进行课堂延伸的新思路。

一、“四层一体”理论概述

“四层一体”理论是人文地理学家周尚意教授，受启发于吴传钧先生的人地关系地域系统理论而提出的。她认为，地理学之所以区别于其他学科，最核心的学科属性就在于地理学关注人地关系系统。人地关系系统也就是人与地两大层面相互影响、相互制约的系统。进一步细化分解，人的层面又分为组织层、生计层、文化层，地的层面包括岩石圈、水圈、大气圈以及生物圈，我们统称为自然层。一个区域的自然层会直接影响这个区域的生计层，生计层决定组织层，组织层进而又影响文化层。这种区域中的自然层、生计层、组织层、文化层相互影响、相互制约的体系，我们称其为“四层一体”。

近年来，研学旅行作为推进素质教育的新内容、新方式，在地理教育界受到越来越多的重视。其中，选取怎样的案例素材进行研学旅行活动是研学旅行成功的重大影响因素。以周尚意教授的“四层一体”理论为指导，以大同煤矿为例，通过参观晋华宫国家矿山公园，探索如何强调区域中自然层、生计层、组织层、文化层的统一性与整体性，挖掘活动内容，进而进行地理研学旅行活动的设计，以期为地理教师设计

① 该成果为云南师范大学学科教学专业“地理课程资源开发利用”课程的教学成果。作者：2018 级郭丽思，通讯作者：李琳。该成果已发表于《地理教学》2020.13：90-93.

研学旅行活动提供新思路。

二、大同煤矿的“四层一体”挖掘

大同，坐落于雁门以北，古称平城，曾是北魏古都，并以云冈石窟闻名于世。而让大同更为世人所知的，是这片土地底下埋藏有丰富的煤炭资源。这种“黑色黄金”在大同的地下可以说随处可见，蕴藏量达数百亿吨，因此大同有“煤都”之称。大同煤矿的“四层一体”如图 5-9 所示。

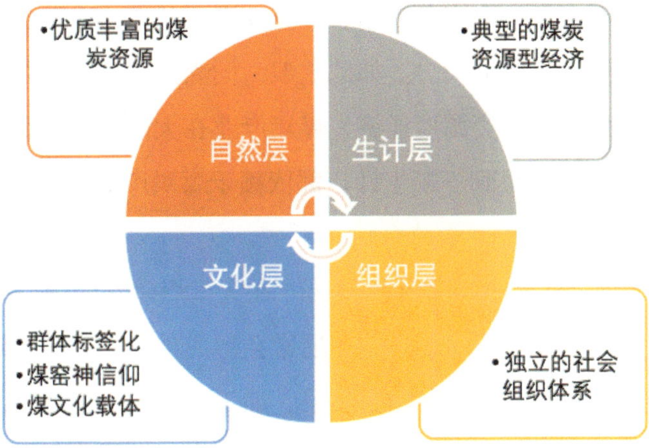

图 5-9 大同煤矿的“四层一体”

1. 自然层：优质丰富的煤炭资源

在几百万年前，现山西大同地区是一片浩瀚无际的湖泊，史称“大同湖”。那里气候温暖，雨量充沛，森林茂密。经过长期的地壳运动，广袤的原始森林变成了丰富的地下宝藏——煤炭，形成了现在国内最大的优质动力煤供应基地——大同煤田。

大同煤田位于山西省北部，大致呈东北—西南走向，跨大同、怀仁、山阴、左云和右玉 5 个市（县），长 85 千米、宽 30 千米，总面积为 1 828 平方千米，煤炭总储量 718 亿吨。大同煤田煤炭资源储量大，可采煤层多，平均厚度 30 ～ 40 米，煤炭灰分低，硫、磷杂质含量少，发热量高，且煤层稳定，倾斜度小，易于开采，硬度高，运输方便，为天然优质的动力煤，被称为“世界动力煤细粮”。

2. 生计层：典型的煤炭资源型经济

自然层决定生计层，丰富的煤炭资源（自然层）决定了山西大同的经济大多依靠煤炭产业（生计层）。大同煤炭品质优良，驰名国内外，市场占有率高，支持着全国五大火力电网、三大港口、六大城市的煤气发生炉以及全国 20 多个城市、自治区 2 800 多家大中型企业，并出口欧、亚、美等 20 多个国家和地区。最具代表性的就是前身为大同矿务局的大同煤矿集团，简称同煤集团。同煤集团于 1949 年成立，经过 70 多年的风雨沧桑，现已发展为地跨 3 市 39 个县（区），拥有煤田面积 6 157 平方千米，总储量 892 亿吨的集团公司，并且在做强做优煤炭主业的基础上，还形成了电力、金融、现代煤化工、物流，文旅五大辅业产业体系。同煤集团所持有的一大煤炭主业、五大辅助产业体系以及九大重点项目集群等，几乎涵盖了大同市及周边市区市民工作生活的方方面面，而在每一个产业体系、产业体系下的每一个项目、项目集群下的每一个环节都需要大量的优质劳动力。如此这般，同煤集团的产业带动力可想而知。大同市的生计层是典型的煤炭资源型经济，煤炭产业在大同经济中起着基础性、支柱性的作用，大到全市 GDP，小到一家生计，都依赖于煤炭产业。

3. 组织层：独立的社会组织体系

大同以煤炭为生的生计层影响了组织层。在大型煤矿集团中，由于集团体系庞大，员工数量众多，集团产业集群现象明显，通常会形成独立的社会组织体系，出现集团办社会的现象。煤矿集团除了矿区煤炭开采、加工等必备的主体设施群，还会为本集团员工配备一系列的配套设施，如集团员工家属住宅区、煤炭科研机构、煤炭人才培养学校、煤矿医院、图书馆、休闲娱乐场所、煤矿员工通勤班车、退休工人福利机构等。最独特的是煤矿集团中的户籍管理制度，拥有煤矿户籍的家庭会享有住房优先分配、子女上学优惠、水电暖气费补贴、就医报销等福利。在员工的生活与工作的方方面面都可以享受到煤矿户口带来的福利。煤矿集团中强大的产业体系以及完备的配套设施，使其形成了独立的社会组织体系，虽然在近几年这一独立体系有所弱化，但它的影响力仍然不容小觑。

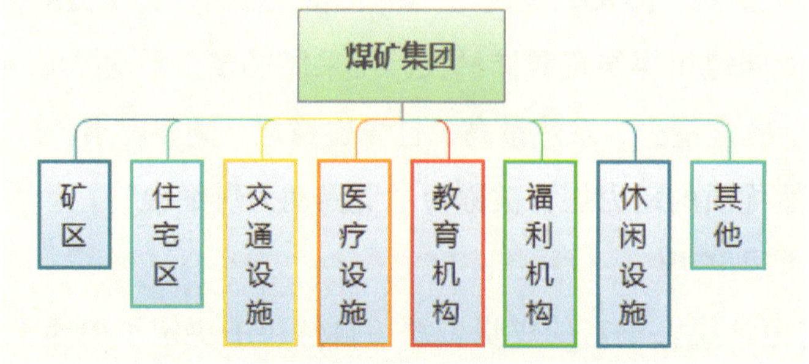

图 5-10　煤矿集团办社会的现象

4. 文化层：群体标签化、煤窑神信仰、煤文化载体

拥有独立社会组织体系的组织层又影响了文化层。首先，表现在群体标签化。一方面体现在煤矿群体的社会认可上，在煤矿集团独立的社会组织体系中，包含着巨大的社会福利（见组织层的具体论述），这些福利政策使人们对这个组织体系中的家庭及个人给予很高的社会认可度。这一认可度尤其表现在青年男女间的择偶标准上。另一方面也体现在外界对山西大同的刻板印象上，一提到山西，一说到大同，人们的第一反应就是财大气粗的煤老板，山西大同人都是“矿里有家，家里有矿”，进一步推出大同人都很富裕。

其次，文化层也体现在煤窑神的信仰上。大同素有“煤都”之称，煤矿开采历史悠久，最早可追溯到新石器时代，最早的文字记载是北魏时期郦道元《水经注》中所记载的大同地区煤层自燃及煤炭的开发利用，在历史悠久的煤炭开采过程中，也蕴含了丰富而浓厚的煤炭文化。煤窑神就是其中最具代表性的煤炭文化。煤窑神作为煤炭行业的行业神，与煤炭生产及煤矿工人的生活紧密相关，在煤矿的开工、复工、生产之际，人们都会祭祀煤窑神，以求安全顺利生产。在农历六月二十四煤窑神成神的日子、冬至煤窑神诞生的日子、春节等节日，人们都会举行相关的祭祀活动，杀鸡、宰羊、献猪头、上香敬拜、垒旺火等都是在祭祀活动中常见的礼仪形式。人们在祭祀煤窑神以求保佑顺利生产之外，也根据生产实际延伸出一系列行业禁忌，如在煤矿中忌打架斗殴和行不义、不雅之事，忌讳女人出现在煤矿中，禁忌驱打嗅觉、听觉灵敏的老鼠等。这些禁忌归根结底都反映了安全生产的需要。在现代，随着技术与制度的进步与完善，煤窑神信仰逐渐弱化，但不可否认的是，在物质与技术匮乏时代，煤窑神的信仰发挥了重要的积极作用。

最后，晋华宫国家矿山公园是大同煤矿最具典型性的煤文化载体，它是在晋华宫煤矿旧址上修建的工业景区，同煤集团将废弃的矿山修建为将煤炭历史、工业遗迹、地质遗迹、现代旅游和绿色矿山融为一体的矿山公园，不仅保护了矿业遗迹资源，恢复了矿山生态环境，也使其成为展现煤炭行业发展、了解煤炭文化的重要窗口。晋华宫矿山公园内最具标志性的建筑是大同煤炭博物馆，其建筑外观来源于煤块、煤粒、煤矸石的组合，呈蓝色矿物晶体形状，馆内包含煤的形成、煤的开采、煤的利用、煤文化和百年同煤五大展区，集科学性、知识性与观赏性为一体，让人们了解煤炭的前世今生，感受煤炭文化的源远流长。晋华宫矿山公园保留着原生产区的设备及建筑，

其中废弃的矿道和工作面被开发设计成园区最具特色的活动项目——井下探秘游，被废弃的矿道和工作面摇身一变，成为最受欢迎的探秘游览胜地，以独特新奇的形式向人们展示煤炭开采的全过程，体会煤炭开采的艰辛与不易，感受艰苦卓绝的矿工精神。园内还有“工业遗址展示区”“矸石山生态治理园”“棚户区遗址”等景观，在这里不仅可以欣赏侏罗纪煤层地质奇观，探索“黑金”的神秘轨迹，领略矿山的沧桑巨变，而且能解读大同与煤炭的特殊情缘，深刻体会大同所蕴含的深厚文化底蕴。

三、“四层一体”视角下大同煤矿地理研学旅行活动设计

1. 整体设计思路

以“四层一体”理论与逻辑为指导，结合相关文献资料，对大同煤矿的自然层、生计层、组织层、文化层及其四层之间互为一体的关联性进行深入的理解与剖析。在此基础上，设计晋华宫国家矿山公园的参观内容、体验场景、交流步骤、分享形式等，达成培养学生的“乡愁”和爱国主义情感，完善学生知识体系，提升地理核心素养的目的。

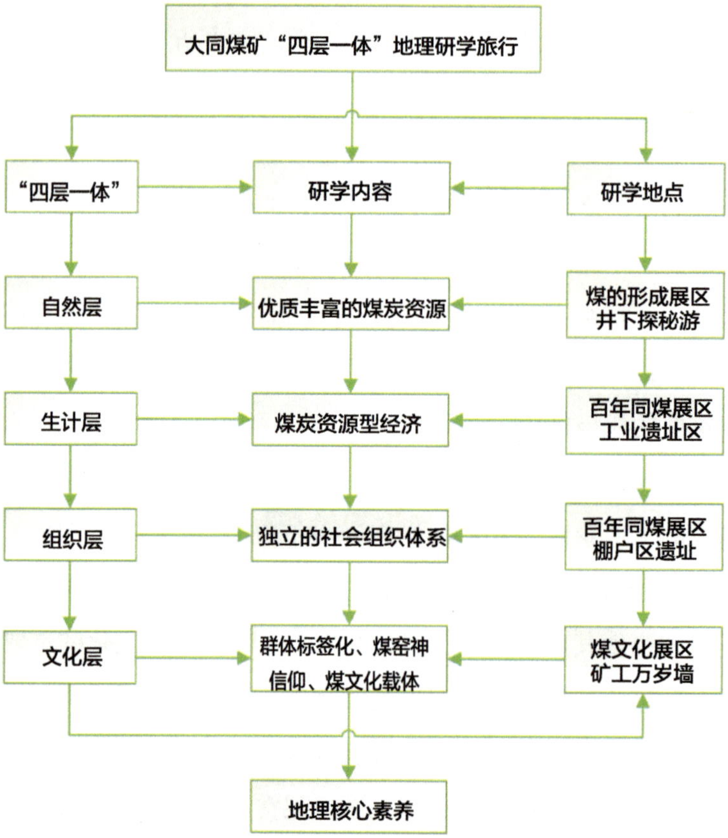

图 5-11　研学旅行活动设计思路

2. 具体实施方案

（1）研学主题

资源型城市探源。

（2）研学时长和地点

1 天；晋华宫国家矿山公园。

（3）研学交通与路线设计

以包车或与旅行社合作的方式进行。

研学路线：学校→ 晋华宫国家矿山公园→学校。晋华宫国家矿山公园内的具体景点路线如图 5-12 所示。

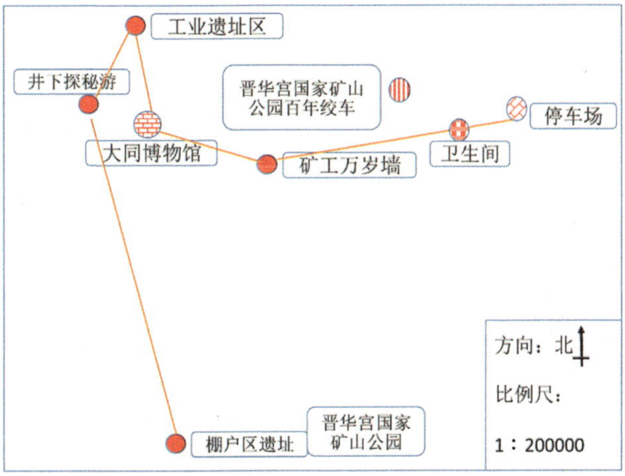

图 5-12　具体景点路线图

（4）研学活动步骤

①研学旅行前准备充分

知识准备：活动前围绕研学主题，班主任上一节活动指导课。学生在教师的指导下，通过调查、访问、查阅资料、专题讲座、观看视频等形式做好知识储备，辅导员提前进班和学生互动讲解相关知识。

安全准备：安全责任重于泰山。这包括人身安全、交通安全、食品安全、财产安全等。根据研学活动线路，制订安全应急预案、安全保障措施及安全责任制度，对参加的学生进行安全教育，强化安全意识。力求将安全系数降到零，确保每一个环节不出问题。

制订活动实施计划：项目组经过多次实地考察，根据活动实施方案，制订具体的活动实施计划，包括活动时间、路线、分工、学生分组、负责教师等，报告相关领导审查批准。

②研学旅行中实施有序

参与研学旅行的同学经过前期的简单学习，依据对自然层、生计层、组织层、文化层 4 个层面的兴趣爱好自行组队，分为 4 个小组，由组长带队，合理分工，确保拍照、录音、记录等工作有序实施。在研学旅行过程中，不仅要理解大同煤矿的“四层”，更重要的是体会大同煤矿的“一体”。具体活动实施如表 5–11 所示。

表 5–11　具体研学活动内容

“四层”	参观内容	问题质疑	答疑解惑	“四层一体”
自然层	煤炭博物馆中“大世界吉尼斯之最”的煤精、煤炭形成所具备的自然条件、地质结构等	煤炭是如何形成的？煤炭属于岩石吗？为什么？	煤炭是千百万年来植物的枝叶和根茎，在地面上堆积而成的一层极厚的黑色的腐殖质，由于地壳运动被不断埋入地下，长期与空气隔绝，并在高温高压下，经过一系列复杂的物理化学变化等，形成的黑色可燃沉积岩，这就是煤炭的形成过程。所以煤炭属于岩石，它是沉积岩	体会煤炭的形成与自然环境的关系以及大同煤炭的特殊之处
生计层	同煤集团在不同时期煤炭开采利用的历史演变与发展状况	在不同的历史时期，煤炭对大同经济的重要影响	这就涉及煤炭资源型城市的演变过程与发展进程。从最开始的大同矿务局到现在的大同煤矿集团公司的转型发展就是煤炭资源型城市演变进程的缩影	从初期小型私有煤矿对煤炭乱采滥挖，到煤炭资源及环境问题突出，再到煤炭工业产业升级、多元发展，无时无刻不体现出自然层对生计层的重要影响

“四层”	参观内容	问题质疑	答疑解惑	“四层一体”
组织层	同煤集团	同煤集团对大同地区的影响有哪些？	同煤集团对大同地区的影响是遍布大同人民生活各方面的。有代表大同市最高医疗水平的大同三医院，还有大同市最著名的云冈石窟、晋华宫国家矿山公园、北岳恒山、悬空寺等景区，以及为煤炭行业输送人才精英的机构学校，还有棚户生活区等都是同煤集团深厚影响力的体现	因为大同优质煤炭的自然层，影响其生计层，即促使大同煤矿集团公司的发展壮大，强大的集团影响力又逐渐形成了独立的社会组织体系，影响了组织层
文化层	群体标签化、煤窑神信仰、矿工精神等煤文化的体现	煤文化是如何产生的？对区域发展有什么作用？	煤文化是特有的区域文化，区域具有整体性，区域文化的产生与区域的自然环境、经济状况等方面都有着千丝万缕的联系。煤文化产生于煤炭开采利用等生产实践活动中，又反作用于煤炭开采利用，成为一种生产力	优质丰富的煤炭资源影响了大同以煤为生的生计层，又因煤炭经济的发展形成了独立的社会组织体系，衍生出区域特有的煤文化。煤文化又为大同地区经济社会的发展提供精神动力和智力支持，形成新的文化生产力，进而又推动生计层与组织层的发展

③研学旅行后总结评价

研学旅行结束后的工作主要分为以下三个步骤：

第一步，整理与总结。在研学旅行结束后，各小组进行相关内容的资料整理与总结，准备进行全班的汇报展示。

第二步，汇报展示。汇报展示工作分自然层、生计层、组织层、文化层四大模块进行。首先，由负责该模块的小组进行汇报展示，之后全体师生共同分享在研学旅途中的所见所闻。其次，对该小组的汇报内容进行补充或纠正，该小组成员可以就同学提出的问题进行讨论交流，并将有益意见进行记录。最后，以同学发言、教师总结的方式，共同探讨挖掘大同煤矿自然层、生计层、组织层、文化层之间相互影响、相互作用的关系，深刻体会地理的区域性与整体性。

第三步，资料存档。在汇报分享结束后，各小组对已有的汇报资料进行修改与完善并提交。教师将所有资料汇集成册，以备后续使用。

四、结语

以“四层一体”理论视角设计地理研学旅行，不再是简单的理解，而是在理解的基础上，挖掘其所蕴含的学科属性及学科思想，不仅培养学生地理核心素养，增强学生用地理视角探索世界的意识与能力，而且还能帮助教师深入挖掘身边零散的课程资源，提升地理教学的故事性与系统性，感受作为地理教育者的成就与乐趣。总之，将“四层一体”理论逻辑思路引入研学设计，并根据自身的教学实际灵活运用，对我们的地理教学一定大有裨益。

参考文献

[1] 周尚意．四层一体：发掘传统乡村地方性的方法 [J]. 旅游学刊，2017，32（1）:6-7.

[2] 范维唐．中国煤炭工业百科全书：地质·测量卷 [M]. 北京：煤炭工业出版社，1996.

[3] 大同煤矿集团公司 [EB/OL].http://www.dtcoalmine.com/.

[4] 苟子勤．二十世纪以来大同地区煤窑神信仰研究 [D]. 哈尔滨：黑龙江省社会科学院，2019.

[5] 刘磊，武美楠．矿山公园建设的场所精神营造——以大同晋华宫国家矿山公园为例 [J]. 建筑与文化，2016（9）:166-167.

后　记

我们忘不了挑灯夜战整理资料，熬红双眼绘图、组图，东奔西跑采集野外资料，走村串寨走访农户家庭，备课磨课的日子，如涅槃重生……跛鳖千里，天道酬勤！2016级和2018级两届“4+2”卓越教师计划班的11名同学，在老师的带领下，经过4年的项目式学习、试教研究，书稿终于完成。现在回想起来，一切都是值得的。

在前期资料收集的过程中，云南师范大学李宏副书记给予了极大关心，呈贡县政协、规划馆、文化馆、农林局等单位和部门给予了配合和支持。后期审稿阶段，旅游与地理科学学院教授角媛梅、呈贡规划馆馆长郑子凌、昆明三中地理特级教师罗莉萍均投入了大量精力；昆明市官渡区第五中学特级教师谢振兴无私地赠送了自己亲自拍摄的高质量照片；昆明市第三中学特级教师李文娟、教研组组长朱文涛和师大附中呈贡中学教研组组长尤雅丹亲自试教，提出了很多宝贵意见；旅游与地理科学学院院长骆华松、云南师范大学副校长武友德更是自始至终给予鼓舞和支持。衷心感谢关心、爱护、支持我们的各个部门和领导以及各位同人和亲人！

李　琳

2020年5月于昆明呈贡